JN023925

スペイン語の感情表現集

佐竹謙一
佐竹パトリシア

白水社

装丁：阿部賢司（silent graph）

は じ め に

　現在、書店で販売されているスペイン語の学習書は、文法を解説した書物もありますが、大半は基礎的な文法を中心とした参考書、会話を中心とした本や旅行に便利なスペイン語ガイドブックのような本です。もちろんこうした各書物にも日常よく使われる感情表現はいくらか記載されていますが、人間の複雑な感情・感覚・思いを一冊にまとめたものは今のところありません。そこで本書では、私たちが生活する上で必ずついてまわる人間感情をわかりやすくまとめてみました。英語にはこの類の感情表現集はすでに何冊か刊行されていますし、スペイン語でも有意義に活用していただけるのではないでしょうか。

　実際に感情を表出する方法は単文でも複文でも可能です。ところが、一見なんでもないように見えて、実は複文ともなると日本語にはない「接続法」という文法事項が絡み、なかなか一筋縄ではいきません。主節の部分で「話し手／書き手」の喜怒哀楽を表明し、従属節にその要因となるさまざまな事象を綴るわけですが、こうした表現は日常の会話に溢れているはずなのに、それらを整理し確認できる書籍が不思議と存在しませんでした。本書では紙幅の関係上、文法事項については言及しませんが、多くの感情の綾を例文としてとり入れることによって、多種多様な感情表現やその構文の仕組みに馴染んでいただけるようになっています。

　対象とする読者は、スペイン語の文法を一通り学んだ方ですが、むろん目下スペイン語を学習中の方、あるいはスペイン語圏に旅行したり留学したりして見聞を広めたいと考えておられる方、スペイン語を母語とする人たちとの会話を楽しみたい方なども含みます。また個人的な学習書という意味に加え、大学の授業（特に会話やコミュニケーションなど）でも役立ちそうなフレーズも数多く含まれています。

　筆者としては、スペイン語習得の近道はできるだけ多くの文章に触れることだと信じています。さらに欲を言えば、スペイン語だけでなく日本語の各種文章にも数多く目を通し、日本語とスペイン語の文章構造のちがいや微妙なニュアンスのちがいにも留意すれば、相手に対してより的確に自己表現ができるものと考えます。

　最後に、本書作成にあたり白水社編集部の鈴木裕子様には出版に至るまでのご理解・ご尽力はもとより、形式や表現内容に関しても貴重なアドバイスを賜りました。この場をお借りし、お礼を申し上げます。

筆者

令和 3 年 10 月

目　次

I　気持ちの表現

Ⅱ 性格・性向・行動

8

本書の構成

　この本は、全体が「I 気持ちの表現」と「II 性格・性向・行動」の二部構成になっています。「I 気持ちの表現」では喜怒哀楽を中心とする感情模様に焦点をあて、「II 性格・性向・行動」では人に固有の感情や意志、先天的な気質や周囲の生活環境にもとづくさまざまな行動パターンに注目しました。

　本書を作成するにあたり、以下の凡例にしたがいました。

(1) 人の多種多様な感情を便宜上分類してはありますが、当然明確な分類が困難なケースも出てきます。そのため、ある項目と別の項目が微妙に重なると思われる場合は、双方を突き合わせ対比しやすいよう、「○○参照」のように記しました。分類はあくまでも日本語の発想にもとづいて行いました。

(2) なるべく「自分を中心に表現」できるよう、できるだけ 1 人称単数「私」を用いるように心がけました。ただ、人の気持ちや性格を表すうえで第三者を主語に立てたほうが自然だと思われる場合には、主語を 3 人称にしてあります。いずれの場合も、同じ意味内容であってもスペイン語で異なる表現が可能なときは複数のスペイン語文を提示しました。

(3) 相手に話しかける文では、基本的に usted (Ud.)（初対面の人や目上の人と話す場合、あるいは敬意を込めて話したり、多少距離を置いて話したりする場合）を用いるようにしました。なぜなら、相手かまわず tú（家族や友人や目下の人と会話する場合、あるいは親しみを込めて話しかけたい場合）で話しかけて顰蹙（ひんしゅく）を買うよりは、usted (Ud.) で話しかけるほうが無難だからです。ただし、話の内容から tú を用いるほうが自然だと思われる場合には主語を tú として例文を作成し、時と場合によっては 3 人称を用いた表現も積極的にとり入れてあります。

(4) スペイン語文や日本語文に挿入された [ ] 内の語彙は、その前に置かれた語句の代用として、あるいは同意語として用いることが可能だという意味です。一方、( ) 内の語彙は省略することができます。
　（例）Mi afición es esquiar [leer libros].　私の趣味はスキー [読書] です。
　　　　Se le nota triste [desanimado; apagado].　彼は冴えない顔をしている。
　（例）Cuando (era) joven, paseaba por las calles horas y horas.　若い頃は何時間も通りを散歩したものだ。

(5)「主語を明示しない他動詞の 3 人称複数形」については、動詞に＊印を付しました。
　（例）Dicen＊ que lloverá mañana.　明日は雨だそうです。
　　　　Nos invitaron＊ a una fiesta.　私たちはパーティーに招かれた。

（6）スペイン語の名詞や形容詞には性数の変化があります。本書では、枠内の語彙欄に記載されている形容詞、形容詞の役割を果たす過去分詞に関しては、辞書によって表記は多少異なりますが、性別を認識できるよう各語彙の語尾を "…/a"、"…/ra"、"…/na" などのようにしました。日本語では性別の分かりにくい場合が多々ありますが、スペイン語では大概それがはっきり示されます。また、人称代名詞の男女の区別は、"él/la"、"lo/la" のように記しました。

（例）Es bueno/a y amable.　あの人（男性／女性）は善良で親切な人だ。

Es un hombre [una mujer] cuarentón/na y se ve joven.　あの人（男性／女性）は 40 代だが若く見える。

Cuando quiera que lo/la veo, está muy tenso/a.　あの人（男性／女性）はいつ会ってもぴりぴりしている。

名詞が男女とも同じ形であれば、その違いを冠詞で区別できるようにしました。

（例）Es un/una jeremías.　彼／彼女は愚痴っぽい人だ。

（7）枠内の語彙欄には、一部斜体になった箇所がありますが、それは人称や性数によって変化するという意味です。

（例）... como si *conociera* a ...　まるで〜を知っているかのように

a *su* antojo　気ままに

（8）日本語では状況に応じて主語を省略しても理解できますが、本書の場合、例文はすべて前後に脈絡のない単独の形なので、主語が明記されていない例文が複数続くときは、紛らわしさと煩雑さを避けるために最初の文のみ主語を「（あの人は）」としました。後続の例文ではその主語を念頭において理解していただければと思います。形容詞は男女どちらでも当てはまるようにしました。

（例）（あの人は）いい人だ。　Es buena persona.

愛想がいい。　Es simpático/a.

親切な人だ。　Es amable.

I 気持ちの表現

1 気分・思い

【気分・表情】

✴ 気分、表情

◆ …に影響する	influir en ...
◆ 感情を揺さぶられやすい	cambiar de sentimiento fácilmente
◆ …が顔に出る	verse ... en la cara; salir en [a] ... la cara
◆ 表情を変えずに	sin alterar el rostro
◆ …になった気分だ	sentirse ...

私は気分や環境に左右されやすい。
El ambiente y mis sentimientos **influyen en** mis decisiones.
私は他人の発言に心が揺さぶられやすい。
Cambio de sentimiento fácilmente dependiendo de las palabras de otras personas.
私は感情が表に出やすい。
Me **salen** fácilmente los sentimientos **a la cara**.
きみの思いは顔に書いてある。
Se te **ve en la cara** lo que sientes.
あの女性はいつも表情を変えずに話す。
Aquella mujer siempre habla **sin alterar el rostro**.
大金持ちになった気分だ。
Me siento como si fuera millonario/a.

✴ 機嫌

◆ 気分がよい	sentirse bien; estar de buen humor
◆ 快適な	cómodo/a; agradable
◆ 爽快だ	refrescante; grato/a; sentirse como nuevo/a
◆ 生気のよみがえる	vitalizador/ra; vitalizante; reconfortado/a

♦ ご機嫌になる	mostrar agrado
♦ 軽快な	ligero/a
♦ 軽やかな足どりで	con paso ligero
♦ 素敵な、壮麗な	maravilloso/a

とても気分がいい。
　Me siento muy **bien**. ／ **Estoy de buen humor**.
今度の住まいは快適かい？
　¿Estás **cómodo/a** en tu nueva casa?
きみとおしゃべりしながら過ごす午後の時間は心地よい。
　Es **agradable** pasar la tarde charlando contigo.
バルコニーから、沈む太陽を眺めるのは爽快だ。
　Es **grato** contemplar la puesta del sol desde el balcón.
湖畔を散歩すると気分が一新する。
　Me siento como nuevo/a paseando por [a] la orilla del lago.
朝の新鮮な空気を吸うと生気がよみがえる。
　Es **vitalizador** [**vitalizante**] respirar el aire fresco de la mañana.
少し昼寝をすると元気づく。
　Me siento **reconfortado/a** cuando tomo una siesta corta.
計画が変更されたことを知り、彼女はご機嫌になった。
　Mostró agrado cuando se enteró de que habían cambiado los planes.
足どりが軽やかだ。
　Me siento **ligero/a** al caminar.
軽やかな足どりで仕事に向かう。
　Con paso ligero me dirijo a mi trabajo.
なんて素敵な日なんだ！
　¡Qué día tan **maravilloso**!
　※ この文では、周囲の状況に対する話者の心境が形容詞から見てとれます。

✳ 気分が悪い、虫の居所が悪い

♦ 気分が悪い	sentirse mal; no estar bien;
♦ 虫の居所が悪い	estar [andar] de mal humor; estar mal humorado/a
♦ 不機嫌な	contrariado/a; disgustado/a

♦ 敵意のある、友好的でない	hostil
♦ 不快な	desagradable；incómodo/a
♦ …の気分を害する	herir a ...

気分が悪い。

Me siento mal. / No estoy bien.

彼は朝から虫の居所が悪い。

Desde la mañana **está de mal humor**. /

Está mal humorado/a desde la mañana.

今日の彼女は不機嫌なようだ。

Hoy a ella se le nota que está **contrariada [disgustada]**. /

Ella tiene una actitud **hostil**.

　※ 前の文は、彼女の「不快な表情」を述べているのに対し、次の文はそれに加えて
　　「敵意」のようなものが見てとれます。

その椅子は不快ではないですか。──いいえ、快適です。

¿No está (Ud.) **incómodo/a** en ese asiento? —Absolutamente, no.

私たちは不快な出来事にあった。

Tuvimos un incidente **desagradable**.

他人の気分を害しないよう、気をつけたほうがよい。

Hay que tener cuidado para no **herir a** otras personas.

＊ 愛想がよい／無愛想な

♦ 愛想よくする［いやな顔をする］	poner buena [mala] cara
♦ 苦虫を嚙みつぶしたような顔	cara de vinagre
♦ しかめっ面で	con cara ceñuda
♦ 無愛想な顔、不機嫌な顔	cara de pocos amigos；cara de mal humor
♦ いやな顔をする	poner cara de desagrado

インフォメーション・オフィスでは訪ねてくる人たちに愛想よく接する。

En la oficina de información siempre **ponen*** **buena cara** a los visitantes.

恋人が会いに来られなかったので、彼女はとてもいやな顔をした。

Ella **puso mala cara** cuando su novio no pudo venir a verla.

あの店の店員は苦虫を嚙みつぶしたような顔で私に応対した。

El dependiente de aquella tienda me despachó con **cara de vinagre**.

※ 日本語では「噛めば苦かろうと思われる虫」、スペイン語では「口に入れると酸っぱい味のする酢」がわかりやすい喩えとして用いられています。

受付の女性は仏頂面で私に対応した。

La mujer de la recepción me atendió **con cara ceñuda**.

今日はフリオの機嫌がとても悪い。不機嫌な顔をしている。

Hoy Julio anda de muy mal humor. Tiene **cara de pocos amigos**.

※ "cara de pocos amigos" は、「ほとんど友人がいないという顔」を意味します。

近ごろ、きみは不機嫌な顔をしているようだけど？

¿Por qué tienes **cara de mal humor** estos días?

おじさんはきみが時間通りに到着しないと、いやな顔をするだろう。

Tu tío **pondrá cara de desagrado** si no llegas a tiempo.

✳ 息が詰まる、堅苦しい

◆ 息苦しい、窒息しそうな	sofocado/a
◆ …に息が詰まりそうになる、息苦しくなる	ahogarse con [de] ...
◆ 型苦しいことは抜きにする	dejar las ceremonias
◆ 格式ばらずに、もったいぶらずに	sin ceremonias; sin formalidades
◆ 格式ばった、儀礼的な	formal
◆ 居心地が悪い	sentirse incómodo/a
◆ 息が詰まるような	sofocante

緊迫した会議に息が詰まる。

Me siento **sofocado/a** en esta reunión con tanta tensión. /

Me ahogo con el ambiente tenso de esta reunión.

堅苦しい挨拶は抜きにしよう。

Dejemos las ceremonias. / Hablémonos **sin formalidades**.

会社の堅苦しい雰囲気は苦手だ。

No se me da bien el ambiente **formal** de la compañía.

集会では知り合いがおらず居心地が悪かった。

Me sentía incómodo/a en la asamblea por no conocer a nadie.

うだるような暑さと湿気の多さで息が詰まる。

Es muy **sofocante** este calor excesivo y tanta humedad. /

Casi **me ahogo** con el bochorno.

※ sofocante は「暑さの度合い」を示しているのに対し、"me ahogo" は「自分が

息苦しいこと」を強調しています。

✳ 気分転換する

♦ 気分転換する（気持ちを入れかえる）	distraerse; cambiar de estado de ánimo
♦ 気分転換する（環境を変える）	cambiar de ambiente
♦ 一息つく	descansar un rato; tomarse un respiro; disfrutar de un descanso

気分転換にカフェにでも行こう。

　¿Por qué no vamos a una cafetería para **distraernos**?

いやな思いをしたあとは気分転換として温泉に入るにかぎる。

　Después de tener una experiencia amarga, no hay nada mejor para **cambiar de estado de ánimo** que un baño en las aguas termales.

気分転換の意味で、いっしょにほかの町へ旅に出てみないか？

　Para **cambiar de ambiente**, ¿no quieres que viajemos a otra ciudad?

一日中勉強のしすぎだよ。一息ついたらどうなんだ？

　Has empollado todo el día. ¿Por qué no **descansas un rato**?

これでようやく一息つける。

　Pues, ya puedo **tomarme un respiro**.

今日の仕事を終えて、一息ついてここでタバコを吸っている。

　Después de cumplir los deberes de hoy, **disfruto de un descanso** fumando aquí.

✳ …したい気分

♦ …したい気分だ	dar ganas de ...; tener ganas de ...; estar de humor para ...
♦ …したい気分にさせる	apetecer

今日はピアノの練習をしたい気分だ。

　Hoy **tengo ganas de** practicar el piano.

今は散歩したい気分だ。

　Ahora me **dan ganas de** pasear.

桜を見に行く気があるなら、今すぐ行こうよ。

　Si **estás de humor para** ver los cerezos, vamos ahora mismo.

ドライブでもしてみないかい？

　¿**Estas de humor para** pasear [dar un paseo] en coche?

※ "estar de humor para ..." は、否定的な意味合いでも用いられます。次の項目の最初の例文参照。

仕事を始める気になってきた。

　Me **apetece** trabajar.

✳ …する気になれない、やる気をなくす

♦ …に〜する気をなくさせる	quitar a ... las ganas de ...
♦ …を〜する気にさせない	no dar a ... las ganas de ...
♦ 無気力	apatía ; inercia
♦ …しようとは思わない	no tener deseo [ganas] de ...; no sentirse [estar] inclinado/a a ...
♦ …する余裕はない	no estar para ...
♦ …する気にさせない	no apetecer ...

気晴らしをする気持ちになんてなれない。

　No **estoy de humor para** estas diversiones.

無頓着な仲間たちを見て、協力する気が失せた。

　Viendo a mis compañeros portarse negligentemente, **se** me **han quitado las ganas de** colaborar con ellos.

歩いて遠くのほうまで行く気になれない。

　No me **dan ganas de** ir a pie tan lejos.

もう何もかもやる気をなくしてしまった。

　Me he sumido completamente en un estado de **apatía** [**inercia**].

　※ "sumirse en ..." は「…におちいる」という意味。

この暑さじゃ何もする気になれない。

　No tengo ganas de hacer nada.

今日は授業に出席する気はさらさらない。

　No tengo ningún deseo de asistir a la(s) clase(s).

その要求を受け入れる気にはならない。

　No me siento inclinado/a a aceptar esa demanda.

電話が鳴るたびに電話に出るという余裕はない。

　No estoy para estar contestando el teléfono cada vez que suena.

今夜は飲みに出かける気になれない。

　Esta noche **no** me **apetece** salir a beber.

◆気ままに、好きなように	a *su* antojo
◆自由に、のびのびと	libremente; sin restricciones
◆…の好きなように	como *le* da la gana
◆計画を立てずに、運まかせに	a la ventura
◆気まぐれに	por capricho

私は気ままに独り暮らしをしている。

Vivo solo/a **a mi antojo**.

自由に生きてみたい。

Quiero vivir **libremente** [**sin restricciones**].

> ※ libremente は文字どおり「自由に、好きなように」という意味ですが、"sin restricciones" は「規律、規則、しがらみなどの束縛から逃れて」という意味合いが含まれます。

私は自分の着たい服を着る。

Me visto **como** me **da la gana**.

私たちは気ままな旅に出た。

Salimos de viaje **a la ventura**.

私は気まぐれにあんな無茶な買い物をしてしまった。

Hice esa compra extravagante **por capricho**.

【安心・安堵・気抜け】

＊ ほっとする、和む

◆ほっとする、安堵する、落ち着く、和む	sentirse [quedarse] aliviado/a [calmado/a; tranquilo/a]; sentir alivio; respirar aliviado/a; respirar de alivio; respirar a gusto; calmarse; tranquilizarse; relajarse; sosegarse
◆安心させる、ほっとさせる	tranquilizar; sosegar
◆肩の荷が下りる	quitarse a ... un peso de encima
◆緊張がほぐれる	quitarse [aminorarse] la tensión

ほっとしている。

Me siento **aliviado/a** [**calmado/a**; **tranquilo/a**].

展示会の準備が完了したので安心だ。

Siento alivio de haber terminado todos los preparativos de la exposición.

いろいろな絵を見ていると心が落ち着く。

Me siento tranquilo/a mirando diversas pinturas.

インタビューが終わってほっとした。

Como se acabó la entrevista, ya puedo **respirar aliviado/a**.

それを聞いて胸をなで下ろした。

Respiré de alivio al oír eso.

私たちは予防接種を受けたことで、ようやく安心できた。

Nos pusieron* la vacuna y por fin pudimos **respirar a gusto**.

健康診断の結果、大丈夫だったので安心した。

Me he quedado tranquilo/a al saber el buen resultado de la revisión médica. /

Me **tranquilizó** saber que no tengo ninguna enfermedad según el examen médico.

ここだとリラックスできるかも。

Podrás **relajarte** aquí.

あなたの励ましの言葉で緊張が解けました。

Me relajé con sus expresiones de aliento.

この長閑な場所であなたの気持ちがほぐれるといいですね。

Espero que pueda **calmarse** en este lugar apacible.

雪をかぶった山々を眺めていると気分が和らぐ。

Al contemplar las montañas nevadas **me siento tranquilo/a**.

外に出て腰かけていると気持ちが落ち着く。

Me **tranquiliza** sentarme al aire libre.

音楽はリラックスできる。

Me **relaja** la música.

たき火を見ながらパチパチと燃える音を聞いていると心が休まる。

Me **sosiega** ver una fogata y oír las ramas crujir.

私が試験に合格したので、両親は安堵した。

Como aprobé el examen, **se** les **quitó un peso de encima** a mis padres.

きみがかけてくれた言葉で緊張がほぐれたよ。

Se me **quitó** [**aminoró**] **la tensión** con tus palabras.

✻ 心置きなく、安心して

◆ 心置きなく、安心して	sin preocuparse de nada; tranquilamente; sin ninguna preocupación [inquietud]
◆ 心配する	preocuparse

これで心置きなく出発できる。

Ya puedo marcharme **sin preocuparme de nada** [**sin ninguna preocupación**].

これで安心してきみにこの仕事を任せられる。

Así puedo encargarte este trabajo **tranquilamente** [**sin ninguna inquietud**].

心配するには及びません。

No es cosa para **preocuparse**.

✻ のんびりと、穏やかな

◆ のんびりと	tranquilamente
◆ 落ち着いた、心地よい、穏やかな	tranquilo/a; ameno/a; apacible; sereno/a

できるものなら田舎でのんびり過ごしたいんだけどねぇ。

Si fuera posible, me gustaría vivir **tranquilamente** en el campo.

> ※ 条件節の動詞 ser が接続法過去 fuera になると、主節の動詞 gustar の過去未来 gustaría と相まって「非現実的イメージ」をもたらします。一方、fuera の代わりに直説法現在 es を用いると、いくらかの可能性を匂わします。（例）Si es posible, me gustaría vivir tranquilamente en el campo. できれば田舎でのんびりと過ごしたい。

この温泉地でのんびりと過ごしましょうよ。

Vamos a pasar **tranquilos** unos días en este balneario.

私たちは京都へ旅行に行った。とても穏やかな旅だった。

Fuimos a Kioto y fue un viaje muy **ameno**.

骨の折れる仕事をしたので、今はゆっくりしている。

Terminado el trabajo arduo, ahora estoy pasando un tiempo **apacible**.

なんて静かな夜なんだろう！

¡Qué **serena** está la noche!

✻ 慰められる、心強い

◆ 慰められる	encontrar consuelo

♦ 心強い	sentirse [estar] alentado/a
♦ 気がかりなことを忘れる	olvidarse de las preocupaciones cotidianas [diarias]

きみと話していると慰められる。

Encuentro consuelo charlando contigo.

今年は奨学金がもらえることになったので勉強を続けるには心強い。

Me siento alentado/a para seguir estudiando con la ayuda financiera que me han otorgado* este año.

彼の友情のお蔭で日々の気がかりなことを忘れることができた。

Con su amistad lograba **olvidarme de las preocupaciones cotidianas**.

✳ くよくよしない、気にしない

♦ くよくよしない	no desanimarse
♦ …を気にしない	no poner [prestar] atención a …; no inquietarse de [por] …; no preocuparse de [por] …; no importar; no molestar
♦ 大丈夫だ	no pasar nada

過去の失敗をいつまでもくよくよするな。

No te desanimes por un fracaso ya pasado.

人目を気にしないようにね。

No te inquietes de las miradas de la gente. /

No pongas [prestes] atención a las miradas de la gente.

事がどうであろうと気にしないように。

Sea lo que sea, ¡**no te preocupes de nada**!

> ※ "sea lo que sea" は「事情がどのようなものであっても」という意味。"pase lo que pase"（何が起ころうと）も同じパターンです。

勉強中きみが音を立てても、私は一向にかまわない。

No me importa si haces ruido cuando estoy estudiando.

きみが不在のあいだ、犬をあずかっても平気だよ。

No me molesta cuidar tu perro durante tu ausencia.

大丈夫ですよ。

No pasa nada.

✳ 溜飲が下がる

♦ …に溜飲が下がる、溜飲を下げる	estar completamente satisfecho/a [contento/a] de [con] ...
♦ 鬱憤を晴らす	desahogarse ; sentirse aliviado/a

前回負けたチームに勝利し溜飲が下がった。

Ya **estamos completamente satisfechos** [**contentos**] **de** haber podido vencer al equipo que nos venció la vez pasada.

私は姑と口論したあとで、友人のところへ鬱憤を晴らしに行った。

Después de un altercado con mi suegra fui a **desahogarme** con mi amiga.

あの不適任な代議士の落選を知り、鬱憤が晴れた。

Me sentí aliviado/a al saber que aquel diputado tan inepto fue derrotado en la elección.

【郷愁・懐古・思慕】

✳ 懐かしむ、甦る

♦ …を懐かしむ	sentir nostalgia por [de] ...; añorar ...; sentir añoranza por ...; recordar ... con añoranza [nostalgia]
♦ 甦る	resucitar ; revivir
♦ …がいなくて寂しく思う	echar de menos ...
♦ 湧き出る、現れる	surgir
♦ 記憶が甦る	venir a la memoria

故郷がとても懐かしい。

Siento mucha **nostalgia por** mi pueblo natal [ciudad natal].

仲のよかった友人たちとの大学生活が懐かしい。

Añoro la vida universitaria con mis amigos íntimos.

過去を懐かしんでも仕方がない。

No sirve para nada **añorar** los tiempos pasados.

遠くで仕事をしているので家族が懐かしい。

Como estoy trabajando lejos, **siento añoranza por** mi familia.

あのころを懐かしんでも、夢のように思えるだけだ。

Si **recuerdo** aquel entonces **con añoranza**, me parece como si fuera solo un sueño.

古い日記を読み返すと、学生のころが懐かしく思われる。

Al releer mi antiguo diario, **recuerdo con nostalgia** los días de estudiante.

同窓会に出席しようと思っている。幸せだった昔日が甦るかもね。

Pienso participar en la asociación de antiguos alumnos. **Resucitarán** memorias de aquellos días felices.

古い町並みは幼いころによく遊んだ場面を甦らせてくれた。

Las calles arcaicas **han resucitado** en mí las escenas de donde jugaba en mi infancia.

どうしたはずみか、忘れていた感情が甦ってきた。

Revivieron en mí los sentimientos ya olvidados sin saber por qué.

外国に長くいると、日本の食事が恋しくなる。

Viviendo mucho tiempo en el extranjero, **echo de menos** la comida de Japón.

彼らが遠くへ引っ越しすると、寂しくなるだろうな。

Les **echaremos de menos** cuando se trasladen [se muden] lejos.

不思議と昔の仲間との思い出が甦ってきた。

Lo extraño es que me **hayan surgido** los recuerdos de mis compañeros antiguos.

古い写真を見ていると、私の青春時代の記憶が甦ってきた。

Viendo las fotos viejas **se** me **vino a la memoria** la época de mi juventud.

＊ 記憶から消し去る

◆ 記憶から消し去る	borrar de la memoria
◆ …をきっぱりと忘れ去る	olvidar por completo [completamente]

不快な思い出は記憶から消してしまいたい。

Quisiera **borrar de la memoria** los recuerdos desagradables.

あの事件は、私にとってはすでに忘却の彼方に去ってしまった。

Ya **se** me **ha olvidado por completo** [**completamente**] aquel acontecimiento.

【本意／不本意】

＊ 本心、本意

◆ 本心、本意、本音	verdadero sentimiento; verdadera intención
◆ 実際に、本当に	en verdad
◆ …の本心だ	salir a … del [de *su*] corazón

◆ 心から	cordialmente ; de todo corazón
◆ 目的、狙い	objetivo

それは私の本意ではない。

Ese no es mi **verdadero sentimiento**.

きみに本心を明かそう。

Te diré mi **verdadera intención**.

私は、スペイン語が普及すれば本望だ。

Mi propósito **verdadero** es difundir el español.

彼らの本心がわからない。

No entiendo [comprendo] lo que piensan **en verdad**.

あれは彼の本心から出た言葉だ。

Eran palabras que **salieron de su corazón**.

彼は本音を述べただけだと言った。

Dijo lo que **le salió del corazón**.

私は心から彼を歓迎した。

Lo recibí **cordialmente [de todo corazón]**.

本意を遂げるためにも最大限の努力をするつもりだ。

Trato de hacer máximos esfuerzos para realizar mi **objetivo**.

✳ 不本意

◆ しぶしぶ、不本意に、意に反して	de mala gana ; contra *su* voluntad ; con disgusto ; en contra de *su* voluntad
◆ 満足のいかない	insatisfactorio/a
◆ 期待はずれの、失望させる	decepcionante

不本意ながら彼らの意見に従った。

Obedecí a ellos **de mala gana**. /

Me sometí al criterio de ellos **contra mi voluntad** [**con disgusto**].

　※ "someterse a ..." は「…に従う」という意味。

しぶしぶ先方の言い分を承諾した。

Acepté **de mala gana** la opinión de la otra parte implicada.

不本意ながらも娘の留学に同意した。

Asentí **en contra de mi voluntad** al estudio de mi hija en el extranjero.

私の努力は不本意な結果に終わった。

El fruto de mi esfuerzo resultó para mí **insatisfactorio**.

テニスの競技会では不本意な成績に終わった。

Ha sido **decepcionante** el partido de tenis.

＊ ためらう／ためらわずに

◆…をためらう	titubear en …; vacilar (en) …; estar indeciso/a
◆ためらわずに	sin vacilación; sin reparo
◆ためらって、気おくれして	con reparo
◆…しようとしない	no tratar de …
◆返答に窮する	no saber cómo contestar

　※ p.40「うろたえる、まごつく、混乱する」参照。

契約書にサインするのを躊躇する。

Titubeo [**Vacilo**] **en** firmar el contrato.

パーティーに行こうか行くまいか一瞬ためらった。

Vacilé un instante [un momento] si iba a la fiesta o no.

私はどう行動してよいか決めかねている。

Estoy indeciso/a sin saber cómo portarme.

何のためらいもなく相手の要求を受け入れた。

Acepté **sin vacilación** su demanda.

私たちは、よいと思うことはためらわずに実行に移すべきだ。

Hay que llevar a cabo **sin reparo** lo que nos parezca bueno [correcto].

恋人がいるのに、それを隠しておくなんて水くさい。

No andes **con reparo** ocultando que tienes novio/a.

　※ vacilación は「決断を迷っている状態」を表すのに対し、reparo はそこに「相手
　に対する遠慮または気おくれから生じるためらい」が加わります。

なぜきみは前に進もうとしないのか、私にはわからない。

No sé por qué **no tratas de** salir adelante.

そのようなあまりにもデリケートな問題については、返答に窮してしまう。

No sé cómo contestar sobre esa cuestión tan delicada.

2　喜び・笑い

【喜び・幸せ・満足】

✴ 嬉しそうな表情

◆ 嬉しい、満足した	contento/a ; alegre
◆ 嬉しそうな顔、幸せそうな顔	cara de pascua
◆ …の顔が喜びで輝く	brillar a ... la cara de alegría
◆ 瞳を輝かせる	bailar a ... los ojos de gusto

ご満悦だね。

　Pareces **contento/a**. ／ Parece que estás **contento/a**.

とても嬉しそうだね。

　¡Qué **alegre** te ves!

彼に朗報が舞い込んだのだと思う。なにしろ、嬉しそうだからね。

　Yo creo que tuvo una buena noticia; pues trae **cara de pascua**.

彼女は花束を受けとり満面に笑みをたたえている。

　Le **brilla la cara de alegría** porque recibió un ramo de flores.

友人たちが全員クリスマスの夕食に来てくれると知って、エンリーケはとても嬉しそうだった。

　Al saber que todos sus amigos vendrían a la cena de Navidad, a Enrique le **bailaban los ojos de gusto**.

　　※ 直訳すると「喜びで…の目が躍る」ですが、日本語では「瞳を輝かせる」となります。

✴ 満足している

◆ …に満足だ	estar contento/a con [de] ... ; satisfacerse con ...
◆ 満足させる	satisfacer
◆ 何の不満もない	no tener [sentir] ningún descontento [ninguna queja] ; no tener nada de qué quejarse

ハイメは貧しいが、現状に満足している。

　Aunque (es) pobre, Jaime **se satisface con** lo que tiene.

私は彼らの迅速な対応に満足している。

Estoy **contento/a** de las medidas inmediatas que han adoptado ellos. /

Me **satisfacen** las prontas disposiciones tomadas por ellos.

今のところ生活面では何の不満もない。

Por ahora **no tengo [siento] ningún descontento** en cuanto a la vida diaria.

私はマルティネス教授の教育法に不満はない。

No tengo ninguna queja en torno a la didáctica de la profesora Martínez.

今の仕事に不満は何もない。

No tengo nada de qué quejarme de mi trabajo de ahora.

✴ 幸せ、嬉しい、喜び合う

◆幸せだ、嬉しい	estar [sentirse; ponerse] feliz [contento/a; complacido/a]
◆最高の気分だ	sentir una alegría máxima
◆…を喜ばせる	hacer feliz a …; dar gusto a …; alegrar a …
◆…して嬉しい	encantado/a de [con] …; tener [encontrar] un gran placer en …
◆喜んで…する	tener gusto en …
◆…を喜ぶ	alegrarse de …
◆喜んで	con mucho gusto
◆…と喜び合う	compartir la alegría con …
◆小躍りして喜ぶ	saltar de gozo

今はとても幸せだ。

Estoy muy **feliz**.

仕事をしているときが一番幸せです。

Me siento feliz cuando estoy trabajando.

彼女は店の開店を祝ってもらえて嬉しかった。

Ella **se sentía feliz** porque le habían celebrado* la apertura de su tienda.

あなた方をお迎えできて嬉しいです。

Estoy contento/a de recibirles.

私はあまりの嬉しさに言葉を失った。

Estaba tan **contento/a** que me faltaban las palabras para expresar mis sentimientos.

私は喜ぶ家族を見て満足だった。

Me sentía complacido/a viendo la alegría de mis familiares.

友人たちが私の誕生日パーティーに来てくれると知り、私はとても嬉しかった。

Cuando supe que vendrían mis amigos a la fiesta de mi cumpleaños, **me puse muy contento** [me **dio** mucho **gusto**].

賞をもらったときは最高の気分だった。

Cuando me otorgaron* el premio, **sentí una alegría máxima**.

これ以上嬉しいことはない。

Nada me **haría** tan **feliz** como esto. / Esto me **hizo felicísimo/a**.

> ※ この二つの文の時制はそれぞれ直説法過去未来、直説法点過去で異なりますが、ニュアンスはほぼ同じです。felicísimo は形容詞 feliz（幸せな）に接尾辞 -ísimo がついた絶対最上級の形で、「とても…、非常に…」という意味。

お目にかかれて嬉しいです。

Me **da gusto** verle. / **Encantado/a** de conocerle.

私たちの孫は私たちの人生に喜びを与えてくれる。

Nuestros nietos nos **alegran** la vida.

再会できてとても嬉しいです。

Tengo [**Encuentro**] **un gran placer en** verle de nuevo.

きみの成功を知って嬉しいよ。

Me alegro de saber que has tenido éxito en tu trabajo. /

Me alegro de que hayas tenido éxito en tu trabajo.

推薦状を書いていただけますか。——はい、喜んで。

¿Podría escribirme una carta de recomendación? —Sí, **con mucho gusto**.

喜んでお手伝いしましょう。

Tengo mucho **gusto en** ayudarle.

友だちと喜びを分かち合いたい。

Quiero [Me gusta] **compartir esta alegría** con mis amigos.

予期せぬ好条件の申し出に小躍りして喜んだ。

Salté de gozo ante una oferta inesperada de excelente condición.

✱ 人の幸せを願う

♦ 最高の幸せ	las mayores venturas
♦ 円満な	lleno/a de armonía
♦ 幸せな	feliz

心が幸せで満たされるといいね。

Te deseamos **las mayores venturas**.

円満な家庭を築いてください。

¡Que tenga(n) un hogar **lleno de armonía**!

私のおじ夫婦が幸せでありますように。

¡Ojalá que mis tíos sean **felices**!

※ この文は、近くにいないおじ夫婦の幸せを願う話者の気持ちを表しています。

【趣味・感動】

✳ 趣味、愛好、興味

♦ 趣味	hobby；afición
♦ …に熱中する、…好きな	aficionado/a a …
♦ 興味がある	interesar
♦ …に関心のある	interesado/a en [por] …
♦ おもしろい、興味をひく	interesante
♦ 興味深く	con interés
♦ …を愛好する、…に目のない	amante de …

趣味は何ですか？

¿Cuál es su **hobby**? ／ ¿Qué **aficiones** tiene? ／ ¿A qué es **aficionado/a**?

私の趣味は外国切手の収集です。

Mi **hobby** es coleccionar los sellos extranjeros.

私はクラシック音楽の愛好家で、特にヴィヴァルディが好きだ。

Soy **aficionado/a a** la música clásica: sobre todo a la de Vivaldi.

私の趣味はスキー〔読書；映画鑑賞〕です。

Mi **afición** es esquiar [leer libros; ver películas].

私の趣味は絵を描くことと山に登ることです。

Mis **aficiones** son pintar y subir a la montaña.

私には興味ありません。

Eso no me **interesa** nada.

私はチェスの愛好家です。

Estoy **interesado/a** en el ajedrez.

大変興味深く講演を聴いた。

Escuché la conferencia **con** mucho **interés**.

それぞれの絵の背景を研究するのは大変興味深い。

Es **interesantísimo** investigar el fondo de cada pintura.

> ※ interesantísimo は形容詞 interesante（おもしろい）に接尾辞 -ísimo がついた絶
> 対最上級。

彼らはスポーツ愛好家だ。

Son **amantes de** los deportes.

✳ おもしろ半分、興味本位、気晴らし

◆ おもしろ半分に、好奇心から	por curiosidad
◆ 好奇心にかられて	movido/a por la curiosidad
◆ 気晴らしをする	distraerse
◆ 遊び半分に、気晴らしに	como [por] distracción

おもしろ半分にスペイン語の授業に出席したが、実際おもしろかった。

Aunque asistí a la clase de español **por curiosidad**, de verdad era interesante.

好奇心にかられて、いろいろなコスプレの仮装を見に行った。

Movido por la curiosidad fui a ver diferentes disfraces de cosplay.

私は気晴らしに自動車博物館へ行ってみた。

Fui al museo de automóviles para **distraerme**.

私は時どき気晴らしにジグソーパズルで遊ぶ。

A veces armo rompecabezas **como distracción**.

気晴らしにゴルフでもしようよ。

Jugamos al golf **por distracción**.

> ※ "por curiosidad" はまさに日本語でいう「好奇心から、興味本位で」にあたりま
> すが、distracción は「何かから注意をそらす」あるいは「気晴らしする」とい
> う意味合いで用いられます。

✳ 感動する、興奮する

◆ 感動的な	emotivo/a
◆ …を感動させる、…の心を動かす	emocionar；impresionar
◆ 感動、感激	emoción
◆ …に感銘を受ける、感動する	impresionarse con …
◆ 盛り上がる	alcanzar el clímax
◆ 深い感動を与える	causar una honda impresión

♦ …に興奮する	entusiasmarse con [por] ...

芝居の感動的な場面はどれも覚えている〔決して忘れない〕。

Me acuerdo muy bien [No me olvido nunca] de las escenas **emotivas** del drama.

数年ぶりに、私たちは感動的な再会を果たした。

Después de años sin vernos hemos llevado a cabo un reencuentro **emotivo**.

あの作家の小説には人間性が見事に描かれ、読者に深い感動を与えてくれる。

En las novelas de aquel escritor se describe la naturaleza humana y por eso **emocionan** profundamente a los lectores.

私はあの朝焼けの風景を見て感動した。

Me **impresionó** aquel paisaje al apuntar el alba.

雨上がりの壮観な虹を見てとても感動した。

¡Qué **emoción** me causó ver el grandioso arco iris al dejar de llover!

彼女のモーツァルトの演奏に私はとても感動した。

Me impresioné mucho **con** su interpretación de Mozart.

学園祭は仮装行列で大いに盛り上がった。

El festival escolar **alcanzó el clímax** con el desfile de disfraces.

われわれのチームが優勝したことで、私たちはとても興奮した。

Nos hemos entusiasmado mucho **de** ver que nuestro equipo ganó el campeonato.

首相の演説は聴衆の心に深い感動を与えた。

El discurso del primer ministro **causó una honda impresión** en el público.

✳ 心を奪われる

♦ …に夢中になる	entusiasmarse con [por] ...
♦ …にうっとりする、心を奪われる	embelesarse con ...
♦ 魅了する、虜にする	fascinar; encantar; cautivar
♦ 魅惑的な	fascinante; atrayente

時が経つのも忘れ、音楽にうっとりと聴き惚れた。

Me embelesaba con la música sin sentir pasar el tiempo.

山の高みから美しい風景を眺めると見とれてしまう。

Me **fascina** ver el panorama hermosísimo desde lo alto de la montaña.

天の川を見るとうっとりする。

Me **encanta** contemplar la Vía Láctea.

※ 前の二文も含め、各文の動詞 embelesar、fascinar、encantar は、「魅了する、うっとりさせる」という意味では同義です。

秋にポプラの下を散歩するのはとても魅力的だ。

Me **cautiva** pasear bajo los chopos en otoño. /

Es muy **fascinante** pasear bajo los chopos en otoño.

彼は魅力的な話をたくさん知っている。

Él sabe muchos cuentos **atrayentes**.

私の友人は今度のビデオゲームにはまった。

Mi amigo **se entusiasmó** mucho **con** el nuevo videojuego.

※ entusiasmar または entusiasmarse は emocionar、impresionar と同義語ですが、場合によって前者は「非常に興奮し、熱が入る」という意味合いが強まります。

✳ 嬉し泣き

◆嬉し泣きする	llorar de gozo [alegría]; anegarse en lágrimas

すばらしいプレゼントに私は嬉し泣きした。

Lloré de gozo al recibir un regalo maravilloso.

アルプスで遭難した息子が救助され、母は嬉し泣きした。

La madre **lloró de alegría** cuando rescataron* a su hijo perdido en los Alpes.

柔道の選手は金メダルをとって号泣した。

El luchador de judo **se anegó en lágrimas** al recibir la medalla de oro.

✳ 待ちどおしい、心が弾む

◆待ちどおしい	esperar con anhelo; esperar con ilusión
◆うきうきして	con júbilo; con ilusión
◆心を弾ませる	alegrar

クリスマスが待ちどおしい。

Estoy **esperando con anhelo** la llegada de la Navidad.

あなたに会えるのが待ちどおしい。

Estoy **esperando con ilusión** el día en que lo vea [veré].

※「あなた」が女性であれば lo を la に、親しい間柄の相手であれば te に変えます。

彼女はうきうきしてスペインへ発った。

Partió hacia España **con júbilo**. / Se marchó a España **con ilusión**.

もうすぐ夏休みということもあり心が弾む。

Me **alegra** mucho pensar que ya serán [se acercan] las vacaciones de verano.

【笑　い】

＊ 笑う、笑い飛ばす、にんまりする、大笑いする

♦ …を笑う、おかしく思う	reírse de ...
♦ 笑い	risa
♦ 笑い飛ばす	tomar ... a risa
♦ 大笑いする、げらげら笑う	soltar una carcajada; reírse a carcajadas; reírse a mandíbula batiente
♦ 死にそうなくらいおかしい	morirse de risa
♦ にんまりする	reírse con satisfacción

私の冗談にみんなが笑った。

Todos **se rieron de** mis bromas.

笑いは健康によい。

La **risa** es buena para la salud.

笑いは悲しみを遠ざける。

La **risa** aleja la tristeza.

笑いで悲しみとおさらばしよう。

Riámonos para alejar la tristeza.

それを笑い飛ばしたいが、なかなかそうはいかない。

Quisiera **tomar**lo **a risa**, pero es algo difícil.

　※ 代名詞 lo は「そのこと＝話者にとって何か引っかかるような事象」をさします。

少女たちはちょっとしたことに笑う。

Las muchachas **se ríen de** cualquier cosa.

　※ "reírse de ..." は単に笑うだけでなく、「からかう」という意味でも使われます。（例）
　　Carlos se ríe de mi peinado cada vez que lo veo. カルロスは会うたびに私の髪形
　　をからかう。

彼女は笑うと頬にえくぼができる。

Se le hacen hoyuelos en las mejillas al **reírse**.

彼らは喜劇映画の一シーンを見て笑いこけた。

Ellos **soltaron una carcajada** al ver una escena de la película cómica.

アントニオはジョークを連発し、一人で大笑いしている。

Antonio cuenta sus chistes y él mismo **se ríe a mandíbula batiente**.

喜劇役者たちの演技に私たちは大笑いした。

Nos reímos a carcajadas con la función de los cómicos.

腹がよじれるほどおかしい。

Me muero de risa.

テストの予測があたって彼はにんまりした。

Él **se rió con satisfacción** cuando vio que las preguntas del examen fueron exactamente iguales a las que había preparado con anticipación.

✳ ほほえむ、にこにこする、にやにやする

♦ ほほえむ、にこにこする	sonreír; sonreírse
♦ ほほえみ	sonrisa
♦ にこにこ顔	cara risueña
♦ 明るい笑顔で	con una sonrisa radiante
♦ にやにやする	sonreírse a solas

そんなに怒らないで、少しは笑ってよ。

En lugar de enojarte, **sonríe** un poco.

パコはいつも幸せそうににこにこしている。

Paco siempre **sonríe** como si fuera feliz.

あの人は私にほほえみ、何も言わずに去った。

Me **sonrió** y se alejó sin decir nada.

彼女はこっちを見てほほえんだ。

Se sonrió cuando me vio.

彼女たちのほほえみはかなり魅力的だ。

La **sonrisa** de ellas es bastante atractiva.

マリアはにこにこしながら私たちを見送ってくれた。

María nos despidió con **cara risueña**.

先生とすれ違うとき、明るい笑顔で挨拶された。

El profesor me saludó **con una sonrisa radiante** al cruzarse conmigo.

何を一人でにやにやしているの？ ──ちょっと考え事をしてたもんで。

¿De qué **te sonríes a solas**? —Estaba pensando en algo.

　※ "a solas" は「一人で」という意味。

＊ 作り笑い

♦ 無理に笑おうとする、作り笑いする	forzarse a reír
♦ 笑ってごまかす	fingir la risa；fingir reír

　※ "forzarse a …" は「努力して…する、無理に…する」という意味で、"forzarse a reír"
　　は相手や周囲に合わせるために、おかしくもないのに無理に笑うという「空笑い」
　　にあたります。一方、"fingir la risa …"、"fingir reír" は、作り笑いに変わりありま
　　せんが、「自分の思いを偽ったり、外観をとりつくろったりするさま」が表れて
　　います。

相手の冗談を理解できなかったけど作り笑いした。

　Me forcé a reír aunque no entendí su chiste.

彼はときどき笑ってごまかす。

　De vez en cuando **finge la risa** [**finge reír**].

3 驚き・とまどい

【驚き・ショック】

✳ 驚く

◆ 驚き	sorpresa ; susto
◆ 驚かせる	asustar ; causar asombro ; dar un susto ; dejar sorprendido/a
◆ …に驚く	asombrarse ; sorprenderse de … ; asustarse con … ; quedarse sorprendido/a de … ; caerse de espaldas
◆ 意表をつく	coger de sorpresa
◆ 驚いて	asustado/a
◆ 目を見開いて	con los ojos abiertos de par en par

※「驚く」は日本語では「予期せぬことに動揺したり、意外なことに感嘆したりするとき」に用いられますが、スペイン語では sorpresa はたとえば贈り物をもらったときの驚きなど、「快い出来事」を前に発せられ、susto のほうは「ヒヤリとするような事象」を前に用いられます。

これは驚いた！
　¡Qué **sorpresa**! / ¡Qué **susto**!
階段で足を滑らせ、一瞬ひやりとした。
　Me resbalé por la escalera y llevé un gran **susto**.
びっくりさせないでよ！
　¡No me **asustes**!
その出来事に驚愕した。
　Me **asustó** lo que pasó. / Me **asusté con** ese acontecimiento.
いつもは無愛想なのに親切にしてくれたので驚いた。
　Me **causó asombro** que me hubiera tratado con amabilidad cuando normalmente se porta de manera desabrida.
彼が急に現れたので驚いた。
　Cuando apareció de repente, me **dio un susto** [me **asustó**].
あの自堕落な生き様を見て驚いた。
　Me **dejó sorprendido/a** ver su vida disoluta.
彼らがマラソンに参加することを知り、私は驚いた。
　Me asombré cuando supe que ellos iban a participar en el maratón.

宝くじが当たったときは仰天した。

　Me sorprendí de que me haya tocado la lotería.

通行人たちは爆発音に驚いた。

　Los transeúntes **se asustaron con** la explosión.

マリソルがとても有名な会社に就職したと知り、私は驚いた。

　Me quedé sorprendido/a al saber que Marisol se colocó en una compañía de mucho prestigio.

彼は文芸大賞を受賞したことを知ってたいそう驚いた。

　Se enteró que ganó el premio grande de la literatura y **se cayó de espaldas**.

きみが別の街へ引っ越したのには驚いた。

　Me **ha cogido de sorpresa** tu mudanza a otra ciudad.

子供は雷に怯え、泣いている。

　El niño está llorando **asustado** por los truenos.

彼女は私の新しいダイヤの指輪を見て目をむいて驚いた。

　Ella miró **con los ojos abiertos de par en par** mi nuevo anillo de diamantes.

＊ 信じられない、動揺する／ショックから立ち直る

♦ 信じられない	increíble ; inverosímil
♦ ショック	choque
♦ 警戒させる、不安にする	alarmar ; alterar
♦ 動揺する	alterarse ; agitarse
♦ …のショックから立ち直る	superar el choque de … ; recuperarse del choque de …

信じられない。

　Es **increíble**.

とてもショックだ。

　Es un gran **choque**.

テレビでニュースを見て、信じられないほど驚いた。

　Al ver la noticia en la televisión, me sorprendió pensando que era **increíble**. /

　Cuando vi la noticia en la televisión, me asombró pareciéndome **inverosímil**.

　※ sorprendió、asombró の主語は noticia（ニュース）です。

突然の蜂の攻撃に怯えた。

　Me **alarmó** [**alteró**] el ataque repentino de las abejas.

恋人は、私の両親に紹介されると言われ動揺を隠せなかった。

Mi novia **se alteró** [**se agitó**] cuando le dije que iba a presentarle a mis padres.

母の死のショックからすぐに立ち直れるだろうか。

¿Podré **superar el choque** de la muerte de mi madre?

私たちは商売で大損したことから立ち直れなかった。

No pudimos **recuperarnos del choque** de haber perdido tanto dinero en el negocio.

【唖然・動転・閉口】

✳ 唖然とする、呆気にとられる

◆ 唖然とする、呆気にとられる	quedarse con la boca abierta; quedarse boquiabierto/a
◆ …を唖然とさせる、動転させる	dejar a ... mudo/a de asombro; dejar a ... sin habla
◆ 口がきけなくなる	perder el habla
◆ 唖然とした、呆気にとられた	atónito/a; estupefacto/a; pasmado/a; aturdido/a

私は驚きで開いた口が塞がらなかった。

Me quedé con la boca abierta [**boquiabierto/a**] de la sorpresa.

私たちは相手の厚かましい物言いに唖然とした。

Nos **ha dejado mudos de asombro** al decirnos eso descaradamente.

彼の事故を知って私は気が動転した。

Me **dejó sin habla** la noticia de su accidente.

彼女の気分が突然変わるのにはあきれるよ。

Sus cambios repentinos de humor me hacen **perder el habla**.

私たちは予期せぬ出来事を耳にし、茫然自失した。

Nos hemos quedado **atónitos** al oír sobre esos sucesos imprevistos.

パブロの不快な振る舞いには唖然としてしまった。

Me dejó **estupefacto/a** el comportamiento desagradable de Pablo.

彼の数々の不当な申し立てにはあきれる。

Me quedo **estupefacto/a** ante sus peticiones irrazonables.

カルメンは親族によるあまりの仕打ちに呆気にとられた。

Carmen se quedó **pasmada** del trato injusto de sus familiares.

私は何をしてよいのかわからず、呆然としている。

Estoy **aturdido/a** sin saber qué hacer.

✳ 圧倒される、怯む、たじたじとなる

♦ 圧倒される、怯む、たじたじ となる	quedarse arredrado/a; acobardarse; quedarse amedrentado/a
♦ 威嚇する	intimidar; achicar; causar temor

彼に責め立てられ、怯む思いだった。
　Me quedé arredrado/a al ser acusado por él.
強い相手チームを前に、試合前から圧倒されてしまった。
　Nos acobardamos aun antes del partido, frente a ese equipo fuerte.
彼らの脅しによって、私たちが怯むことはなかった。
　No nos **intimidaban** nada sus amenazas.
彼女の激しい口調にたじたじとなった。
　Me **achicó** el tono mordaz de ella.
私は雨で増水した川を渡ろうとして怯んでしまった。
　Me he amedrentado/a al tratar de pasar el río crecido con las lluvias. /
　Me **causó temor** pasar el río crecido con las lluvias.

【放　心】

✳ 放心する、ぼんやりする、注意力が散漫

♦ ぼんやりと	distraídamente
♦ 放心する、ぼんやりする、上の空である	distraerse; estar en la luna
♦ ぼんやりした、注意力が散漫な	distraído/a; despistado/a
♦ ぼっとした	atontado/a
♦ 注意が散漫である、ぼっとしている	tener la cabeza llena de pájaros
♦ 放心状態になる	pasearse a ... el alma por el cuerpo

彼は退職してからというもの、気が抜けたようだ。
　Está en la luna desde que se jubiló.
終日何もせずにぼんやりと過ごした。
　Pasé todo el día **distraídamente** sin hacer nada.
ぼんやりして仕事が手に着かなかった。
　Estaba distraído/a y no podía concentrarme en el trabajo.

私は注意力が散漫すぎて、よく間違いを犯す。

Soy demasiado **despistado/a,** por eso cometo errores frecuentemente.

> ※ 前文の "estaba distraído/a" は動詞 estar との組み合わせから「一時的な心状を表す」のに対して、この文の "soy despistado/a" は「もともと注意力が散漫な人間である」ことを示しています。

私はいつもほかのことに気をとられている。

Siempre **me distraigo** con otras cosas.

彼は頭を打撲して、ぼっとしている。

El golpe que se dio en la cabeza lo dejó **atontado.**

エリーサはすることなすことヘマばかりだ。どうやら気が散漫なようだ。

Elisa no hace nada bien. Parece que **tiene la cabeza llena de pájaros.**

マウリシオは恋人と別れてからというもの、ぼっとしている。

Desde que Mauricio rompió con su novia, **se le pasea el alma por el cuerpo.**

> ※ 主節を直訳すると「魂が彼の体を動きまわっている」となり、放心状態を表しています。

【とまどい・困惑】

✳ うろたえる、まごつく、混乱する

◆ うろたえる、困惑する、とまどう、まごつく	desconcertarse; sentirse [estar] desconcertado/a; quedarse azarado/a; confundirse; pasmarse; estar desorientado/a; estar anonadado/a; turbarse; no saber qué contestar [responder]
◆ 当惑した表情で	con gesto perplejo
◆ 頭が混乱する	encontrarse en un estado de confusión
◆ 混乱させる、狼狽させる	causar confusión; dar pánico
◆ 不安におちいる	caer en la incertidumbre; caer en un estado de incertidumbre

> ※ p.25「ためらう／ためらわずに」参照。

私のついた嘘がばれてうろたえた。

Me desconcerté cuando se descubrieron las mentiras que había contado.

これまでとは違う生活環境にとまどっている。

Me siento desconcertado/a por estar en un ambiente [contorno] distinto al acostumbrado.

疫病が蔓延し、人々は混乱におちいっている。

　La gente **está desconcertada** frente a la diseminación de la epidemia.

彼の怒りっぽい性格に私はいつも当惑する。

　Su carácter tan irascible [iracundo] siempre me deja **desconcertado/a**.

> ※ p.38「唖然とする、呆気にとられる」の項目で見た形容詞はどれも「意外な出来事
> に対して唖然とするさま」を表していますが、desconcertado/a はむしろ「当惑
> する、困惑する」のように「どうしてよいかわからないさま」を表します。

知らない土地に足を踏み入れまごついた。

　Me quedé azarado/a al encontrarme en un lugar desconocido.

彼が自画自賛するのを聞いて当惑した。

　Me pasmé al oírle alabarse a sí mismo.

道をまちがえとまどってしまった。

　Me confundí tomando un camino equivocado.

委員会の要求に対してとまどっている。

　Estoy desorientado/a en cuanto a las demandas del comité.

会社から早期退職を迫られ困惑している。

　Estoy anonadado/a porque la compañía me ha exigido la prejubilación.

新しいパソコンの操作方法がわからずまごついた。

　Me turbé sin saber cómo manejar el nuevo ordenador.

彼の批判に対し、私はどう答えればよいかわからなかった。

　No sabía qué contestar [**qué responder**] a su reproche.

彼は当惑した表情でこっちを見ていた。

　Me estaba mirando **con gesto perplejo**.

大地震が発生し、私は頭が混乱している。

　Me encuentro en un estado de confusión por el terremoto de gran escala.

この情報で私は頭が混乱している。

　Me **causó confusión** [Me **dio pánico**] esta información.

政治体制が突然変わったことで人々はとまどっている。

　La gente **ha caído en la incertidumbre** frente al cambio brusco del régimen político.

政治家はフェイクニュースが広まったことで不安になった。

　El político **ha caído en un estado de incertidumbre** por la difusión de noticias falsas.

✳ 意外、心外

♦ …とは意外だ	nunca [no] esperaba ...
♦ 意外な、予期しない	inesperado/a；imprevisto/a
♦ 思いがけず、不意に	inesperadamente；　impensadamente；imprevistamente
♦ 驚いたことに	sorprendentemente
♦ 心外な、遺憾な、嘆かわしい	lamentable；deplorable

ここであなたにお目にかかれるとは思いませんでした。

No esperaba verle a Ud. aquí.

※ この表現は「現時点」で思いがけず人に出会ったときに用います。「思いません
でした（期待してはいませんでした）」というニュアンスは「過去の限定された
時期」（点過去）ではなく、「ずっと思ってもみなかった」という線過去の時制
にあたり、普通 esperé は使いません。

私の善意が批判されたのは心外だった。

Era **inesperado** el que hubieran criticado* mi buena intención.

今月と先月は予期せぬ出費がかさんだ。

Este mes y el mes pasado tuvimos varios gastos **imprevistos**.

実験によって意外にもよい成果が生まれた。

Con las pruebas salió [resultó] **inesperadamente** un buen fruto.

思いがけなく私の本を出版しないかとの申し出があった。

Impensadamente [**Imprevistamente**] recibí una oferta de publicar mi libro.

驚いたことに新薬はよい結果をもたらした。

Sorprendentemente el medicamento nuevo dio mejor resultado de lo que se
pensaba.

疑いをかけられるとは心外だ。

Es **imprevisto** [**una cosa imprevista**] que duden* de mí. /

Es **lamentable** [**deplorable**] que duden* de mí.

※ imprevisto は inesperado と同じく「予期しない（突然降って湧いたような）」と
いうニュアンスですが、lamentable は「残念だ、遺憾だ」、deplorable は「痛ま
しい、嘆かわしい」という意味から、ここには「予期せぬ嫌疑をかけられたこ
とによる話者の傷心の思い」が多少なりとも加わります。

4 愛情・思いやり・折り合い・嫌悪

【好　意】

✳ 好き、気に入る

♦ …が好きだ	gustar
♦ 気に入る、好感が持てる	caer bien
♦ …を楽しませる	dar gusto a …

> ※ gustar の表現は独特です。この動詞は自動詞なので、「間接目的語 me、te…のために」「主語は」「喜びとなる」、あるいは「間接目的語にとって」「主語は」「喜びである」という発想です。これを日本語でいうと「間接目的語」が「主語」を「好む」となります。

私はコーヒーが好きだ。

　Me **gusta** el café.

動物は好きじゃないので、飼わないことにしている。

　No me **gustan** los animales y no pienso tener ninguno.

きみが好きだよ（好意）。

　Me **gustas**.

私のこと好き（気に入った）？

　¿Te **gusto**?

きみたちはぼくを嫌ってるね。

　No os **gusto**, ¿verdad?

きみは好感の持てる人だ。

　Me **caes bien**.

きみといっしょで楽しい。

　Me **da gusto** estar contigo.

【嫌　悪】

✳ 嫌い、気に入らない

♦ 嫌い、気に入らない	caer mal ; caer gordo a …
♦ …と気が合わない	llevarse mal con …

◆ …に嫌気がさす、辟易する	estar hasta las narices de ...; estar hasta la coronilla de ...; estar harto/a de ...
◆ …に反感を抱く	tener [sentir] antipatía a ...
◆ …を嫌って遠ざかる、疎む	no querer acercarse a ...

※ この項目に見られる言い方は、相手に対して「強く不快感を抱いたり、忌み嫌ったりする」ような感情です。こうした感情は、p.56「【憎しみ・怒り】」にあるような感情と相通ずるものがあります。

私には彼らのことが気に入らない。

Ellos me caen mal.

※ caer には「適合する、合う」という意味もあります。(例) Me cayó mal la cena que tomamos en el restaurante. みんなでレストランで食べた夕食が胃にもたれた。

彼の欠点を気に留めないようにしているが、どうも反りが合わない。

A pesar de que trato de no fijarme en sus defectos, me **cae gordo**.

彼女とは気が合わない。

Me llevo mal con ella.

もう彼には辟易している。

Estoy hasta las narices de él.

彼とのつき合いには嫌気がさしている。

Estoy hasta la coronilla de tener trato con él. / Ya **estoy harto de** tratar con él.

私はみんなから毛嫌いされているように感じる。

Siento [Imagino] que todos me **tienen antipatía**.

彼は自分勝手なために、周囲から疎まれている。

Todos los que le rodean **no quieren acercarse a** él por su egoísmo.

✳ 飽き飽きする、うんざりする

◆ 飽き飽きさせる、うんざりさせる	hartar; fastidiar; hastiar
◆ …に飽き飽きする、うんざりする	aburrirse de ...; hartarse de ...; fastidiarse con ...; hastiarse de ...
◆ うんざりした	harto/a; fastidiado/a

※ "hartarse de ...", "aburrirse de ...", "hastiarse de ...", "fastidiarse con ..." はどれも「…に飽きる」という意味ですが、特に後者の二つにはさらに「いや気がさす、どうにも我慢できない、不快だ」という意味合いも加わります。

甘い物は嫌いじゃないけど、たくさん食べると飽きてくる。

No me disgustan los dulces, pero si como muchos, me **hartan** [**fastidian**; **hastían**].

彼の言い分には閉口する。

Me **hartan** sus argumentos.

日々の単調な生活に退屈している。

Me aburro de [**Me harto de**] la vida monótona de cada día.

あの人の長いスピーチには飽き飽きする。

Me fastidio con su largo discurso.

毎日同じことのくり返しがつくづくいやだった。

Me hastiaba de hacer lo mismo todos los días.

長時間列に並ぶのはまっぴらだ。

Estoy **fastidiado/a** de hacer cola por mucho tiempo.

長雨にはもううんざりだ。

Estoy **harto/a** de la lluvia incesante [continua; prolongada].

✳ 冷淡、よそよそしい、他人行儀

♦冷淡な、無愛想な、よそよそしい、ぶっきらぼうな	indiferente; frío/a; seco/a; distante; brusco/a
♦冷淡に、無愛想に、ぶっきらぼうに	con indiferencia; con frialdad; con brusquedad; en tono áspero
♦他人行儀に	como si no *conociera* a ...; como si *fuera* extraño/a

※ p.134「無愛想、とっつきにくい」参照。"como si ..."（まるで…のように）の節に
くる動詞は「接続法過去」となります。

彼らは私を冷淡にあしらった。

Ellos se portaban **indiferentes** [**con indiferencia**] conmigo.

向かいの隣人は表で私とすれ違うとき、よそよそしい態度をとる。

El vecino de enfrente se muestra **frío** conmigo cuando nos cruzamos en la calle.

あの婦人はいつも私には無愛想だ。

Aquella señora siempre me mira **con frialdad**.

彼女はわざとよそよそしい態度をとる。

Se porta **fría** [**seca**] deliberadamente [con intención].

マヌエルは私と距離を置くように話す。

Manuel me habla de una manera **distante**.

どんなに長い手紙を書いても、彼の返事はいつも素っ気ない。

Por larga que sea la carta que escriba, me da una respuesta **seca**.

マルタはしばしば私にぶっきらぼうな返事をする。

Frecuentemente Marta me contesta con tono **brusco**.

彼にお願いをしたが、けんもほろろに断られた。

Aunque le pedí un favor, me rechazó **con brusquedad** [**en tono áspero**].

あの店では客に対して素っ気なく対応する。

En aquella tienda tratan* **con frialdad** a sus clientes.

ヘラルドはときどき知り合いに対して他人行儀な挨拶をする。

Gerardo a veces saluda a sus conocidos **como si fueran extraños** [**como si no los conociera**].

＊ 追い払う、かかわらない

◆ …を追い払う、…とかかわらない	mandar a ... a paseo
◆ …とつき合わない、かかわらない	no relacionarse con ...
◆ 手を引く、かかわらない	lavarse las manos
◆ …に干渉しない、かかわらない	no interferir en ...

今度彼が金を借りに来たら追い払ってやる。

La próxima vez que venga a pedir dinero, le voy a **mandar a paseo**.

※ 人称代名詞 le は直接目的語。本来は直接目的語の 3 人称単数・複数 lo（los）を使いますが、それらの代わりに le(les) を用い、これを leísmo（レイスモ）といいます。主にスペイン（南部を除く）やラテンアメリカの一部地域で用いられる傾向にあります。

彼のような気まぐれな人とはかかわりあいたくない。

No quiero **relacionarme con** una persona tan caprichosa como él.

決定されたことに納得がいかないので、もう手を引き参加しないことにします。

No estoy de acuerdo con la decisión tomada. Yo **me lavo las manos** y no participo.

※ 日本語は「手を引く」となっていますが、"lavarse las manos" は文字どおり「手を洗う」という意味です。

私にかかわりのないややこしい問題には干渉したくない。

Ya **no** quiero **interferir en** asuntos delicados que no me incumben.

【折り合い・協調性】

✳ 気が合う、一心同体

♦ …とうまくやっていく、仲よくする	llevarse bien con ...; avenirse con ...
♦ …と気が合う	congeniar con ...
♦ …をうまく切り抜ける	desenvolverse
♦ 親密な、懇意な	íntimo/a
♦ 一心同体、切っても切れない間柄	carne y uña [uña y carne]

私は彼らとはとても気が合う。
　Me llevo muy **bien con** ellos.

私は上司とうまくやっていけそうだ。
　Imagino que **me llevaré bien con** mi jefe [superior].

彼女は小姑とうまくやっている。
　Ella **se aviene con** su cuñada.

私の家族は隣の家族と仲よくしている。
　Mi familia **congenia con** la de al lado.

　　※ la は familia はをさします。同じ単語の重複を避けるためです。

私たち三人は仲のよい友だちで、ほぼすべての点で気が合う。
　Los tres somos buenos amigos. **Congeniamos** en casi todo.

この環境だと彼らはうまくやっていける。
　Saben **desenvolverse** bien en este ambiente.

私たち（全員女性）はアナとは懇意にしている。
　Ana y nosotras somos amigas **íntimas**.

何があってもホセは友人のハビエルを見捨てるようなことはしないだろう。なぜなら二人は大の仲よしだからだ。
　Pase lo que pase, José nunca abandonará a su amigo Javier, porque son **carne y uña**.

　　※ "carne y uña" は「肉と爪」ということから「切っても切れない関係」を表象しています。

彼は自由のために闘った人たちと一心同体だった。
　Era **uña y carne** con los que lucharon por la libertad.

✳ 気が合わない、わずらわしい、疎（うと）ましい

♦ …を不快にさせる	dar disgusto a …
♦ …を不快に思う	sentir disgusto de …
♦ 不快な、わずらわしい	molesto/a
♦ 疎ましい	molestar; fastidiar; disgustar

※ この項目に見られる言い方は、その場での多少の嫌悪感は否めないとしても、「迷
惑をこうむったり、多少不快に思ったりする」程度の感情です。

私は彼が苦手だ。

No congenio con él.

彼らが他人の悪口を言うのはいただけない。

Me **da disgusto** [**Siento disgusto de**] que ellos hablen mal de otras personas.

彼に対して今でもわだかまりがある。

Estoy **molesto/a** con él.

あの不快な騒音はなんだろう？

¿Qué es ese ruido tan **molesto**?

近頃、人に会うのが疎ましくなってきた。

Estos días me **molesta** alternar [hablar] con las personas.

彼がくり返す不躾（ぶしつけ）な質問が鼻につく。

Me **molestan** sus repetidas preguntas indiscretas.

しつこくつきまとうと、そのうち疎ましがられるよ。

Si te empeñas en perseguirle, te **fastidiará** al cabo.

※ "empeñarse en …" は「…に固執する、こだわる」という意味。

話の途中で、第三者に口出しされるのはいやだ。

Mientras hablamos, me **fastidia** que se entremeta alguien [otra persona] en la conversación.

彼はうぬぼれが強く、同僚たちから疎まれている。

A sus colegas les **disgusta** él porque es muy presumido.

✳ 協調性

♦ …と協調して	en armonía con …
♦ 協調性	cooperación; anhelo de cooperar

彼らはもう一つのグループと協調して作業を始めた。

Pusieron manos a la obra trabajando **en armonía con** el otro grupo.

労使間の協調性は大切だ。

Es importante la **cooperación** entre los patrones y los obreros.

彼らには協調性が欠けている。

Les falta el **anhelo de cooperar**.

✳ 気楽に話す

♦ 気楽に話し合う	tutearse ; hablar de "tú" ; tratarse de "tú"

> ※ ここでいう「気楽に」は、相手を敬うときに使う 3 人称の usted（Ud.）ではなく、親しみを込めて話しかける「2 人称の tú を用いる」という意味です。

私たちは同い年なのだから気楽に話し合おうよ。

Vamos a **tutearnos** [**hablarnos de "tú"**] ya que somos de la misma edad.

堅苦しい言い方はやめない？

¿**Nos tratamos de "tú"**? / ¿Podemos **tutearnos**?

【恋　愛】

✳ 恋をする

♦ 愛する	querer ; adorar
♦ たがいに愛し合う	quererse
♦ …に恋をする	enamorarse de …
♦ …に一目惚れする	enamorarse de … a primera vista
♦ 魅力	atracción
♦ 相思相愛の仲である	ser correspondido *su* amor
♦ 初恋	primer amor
♦ …に夢中になる、…に惚れる	estar perdido/a por …
♦ …を熱愛する	suspirar por …
♦ 恋は盲目	el amor es ciego

好きだよ。

Te **quiero**.

きみに首ったけだ。

Te **adoro**.

※ querer（欲する、愛する）は英語の want にあたり、adorar（崇拝する、愛する）は adore にあたります。どちらも「愛している」という意味で用いられますが、後者には相手を神格化したようなニュアンスが含まれます。

彼らは愛し合っている。

Se quieren mutuamente.

彼はカフェで出会った女性に恋をした。

Se enamoró de una mujer que vio en la cafetería.

彼はどうやら彼女に一目惚れしたようだ。

A lo mejor **se enamoró de** ella **a primera vista**.

※ "a primera vista" は「ひと目見て」という意味。

私たちはたがいに魅力を感じあっている。

Existe cierta **atracción** entre nosotros.

相思相愛であればいいのになあ。

¡Ojalá mi **amor fuera correspondido**!

彼にとって彼女は初恋の人なのか、ずっと思い続けている。

Quizá era su **primer amor**, de manera que él sigue pensando en ella.

彼女は彼に夢中になりすぎて、相手の欠点がまるで見えない。

Ella **está** tan **perdida por** él que no puede ver sus defectos [faltas].

彼はクラスの女の子を熱愛している。

Suspira por una compañera de clase.

恋は盲目とはよく言ったもので、彼女は相手の性悪なところが見えていない。

Dicen que **el amor es ciego**, por eso ella no se fija en su mal carácter.

✳ 横恋慕、戯れの恋

◆ 横恋慕する	estar enamorado/a de … casado/a
◆ 二股をかける	jugar con dos barajas ; nadar entre dos aguas
◆ 惚れっぽい	enamoradizo/a
◆ 女たらし、好色家	mujeriego
◆ 戯れの恋をする	flirtear

彼は既婚の女性に横恋慕している。

Está enamorado de una mujer casada.

二股をかけるなんてよくないよ。

No debes de **jugar con dos barajas**. / Es malo **nadar entre dos aguas**.

※ "jugar con dos barajas" の直訳は「2 枚のカードで遊ぶ」すなわち「同時に二人とつき合う」という意味ですが、"nadar entre dos aguas" はむしろ「どっちつかずの態度をとる」という意味合いのほうが強いです。

彼女はとても気が多い。

　Ella es muy **enamoradiza**.

あの男は女好きだ。

　Aquel hombre es **mujeriego**.

彼らはいっしょになろうともせずに戯れの恋を楽しんでいる。

　Les gusta **flirtear** sin comprometerse.

❋ 失恋、片思い

♦ 片思いに終わる	no ser correspondido *su* amor ; no tener suerte en el amor
♦ …に振られる	ser rechazado/a por …
♦ …を振る	dar calabazas a …

私の恋は片思いに終わった。

　Mi **amor no fue correspondido**. / **No tuve suerte en el amor**.

彼はとうとう振られてしまった。

　Él [Su amor] **fue rechazado por** ella. / Ella le **dio calabazas**.

【愛情・慈愛・気づかい・同情】

❋ 愛情（恋愛感情以外）、慈しみ

♦ 愛する	amar ; querer
♦ …に愛される	ser querido por …
♦ …を愛情で満たす	colmar a … de afecto y cariño
♦ 慈しむ、可愛がる	tratar con cariño

両親は心から子供たちを愛している。

　Los padres **aman** [**quieren**] de todo corazón a sus hijos.

※ amar は「神、隣人、子供などを愛する」という意味で使われます。男女間の愛情を表現する場合は一般的に querer が用いられます。

私を愛してくれる人たちに囲まれて暮らせるなんて幸せなことだ！

　¡Qué felicidad vivir rodeado de las personas que me **quieren**!

人々に愛されるよう努力しよう。

Nos esforzaremos para **ser queridos por** otras personas.

彼らは動物に対する愛情から動物救出に尽力している。

Ellos trabajan rescatando a los animales porque los **aman**.

両親は子供たちを愛情で満たす。

Los padres **colman** a sus hijos **de afecto y cariño**.

私は花を愛でる。

Trato con cariño las flores.

あの先生は生徒たちをわが子のように慈しむ。

Aquel maestro **trata con cariño** a sus alumnos como si fueran sus hijos.

✳ 思いやる

♦ 世話をする	tratar bien
♦ 思いやる	tener amor y delicadeza; mostrar simpatía; dar atención [atenciones]
♦ 気配りする	cuidar con atención; cuidarse
♦ わざわざ…する	molestarse en …
♦ …を支援する	dar apoyo a …

彼女は老人ホームで働き、老人たちの世話では群を抜いている。

Ella trabaja en un centro geriátrico y se destaca por **tratar bien** a los ancianos [viejos].

生き物に対して慈しむ心を持つのはよいことだ。

Es bueno **tener amor y delicadeza** hacia los seres vivos.

苦しんでいる人たちに対してもっとやさしく接し、思いやるべきだ。

Hay que **mostrar** más **simpatía** por los que sufren y **dar**les más **atenciones**.

病人に対する気配りは大切だ。

Es importante **cuidar con atención** a los enfermos.

気をつけて旅行してください！

¡Cuídese mucho en su viaje [cuando viaje]!

　　※ 単文の場合の viaje（旅行）は名詞ですが、これを複文にすると従属節の動詞 viajar（旅行する）は接続法現在・3人称単数 viaje となります。

わざわざご足労いただき恐縮です（感謝しています）。

Gracias por **haberse molestado en** visitarme. ／

Le agradezco que **se haya molestado en** visitarme.

私たちは困っている人たちを助けたい。

Queremos **dar apoyo a** las personas en apuros.

＊ いじらしい

♦ いじらしい	conmovedor/ra；enternecedor/ra
♦ 胸を打つ、ほろりとさせる	enternecer

弟たちの世話をする女の子の姿がいじらしい。

Es **conmovedor** ver a la niña cómo cuida a sus hermanos menores.

子犬たちを守ろうとする雌犬の姿がいじらしい。

Es **enternecedor** ver cómo la perra protege sus cachorros.

両親に迷惑をかけまいと我慢するあの少女の姿はいじらしい。

Nos **enternece** la actitud de aquella muchacha que procura no molestar a sus padres.

＊ 思いやりがない、冷酷だ

♦ 思いやり（配慮）に欠ける、思いやりがない、薄情だ	faltar consideración；no tener (ninguna) consideración；frío/a
♦ 血も涙もない人、薄情な人	persona sin entrañas
♦ 冷酷だ	no tener corazón；no tener alma

きみには思いやりの心がない。

Te **falta consideración** hacia otras personas.

私たちの上司は、部下に対してまったく思いやりがない。

Nuestro jefe **no tiene ninguna consideración** con sus subordinados.

人が困っているというのに、きみは薄情な人だ。

Eres muy **frío/a** a pesar de que me ves en aprietos.

あの人は血も涙もない。自分の名声のことしか頭にないんだから。

Es **una persona sin entrañas**. Solo piensa en su propia fama.

金の話になると、彼はだれに対しても冷酷だ。

Cuando se trata de dinero, **no tiene corazón** con nadie.

銀行員は理由も聞かずに彼らの借り入れを断った。血も涙もない。

El banquero les rechazó el préstamo sin escuchar razones. **No tiene corazón**.

経営者はあわれな労働者を理由もなく解雇するという酷い行動に出た。

El gerente mostró **no tener alma** despidiendo sin razón al pobre trabajador.

＊ 不憫に思う、同情する、気の毒に思う（相手の気持ちを汲む）

◆ 同情を誘う、不憫に思わせる	dar lástima [compasión；piedad]
◆ …を気の毒に思う、…に同情する	sentir；sentir lástima [compasión；piedad] por [de] …；condolerse de …；compadecerse de …
◆ 気の毒に思わせる	dar pena
◆ 同情、哀れみ、悲しみ、残念	lástima；pena
◆ 気の毒な、かわいそうな	lastimoso/a

虐待されている子供たちはかわいそうだ。

Me **dan lástima** los chicos que son maltratados.

失望したきみを見て気の毒に思う。

Me da pena verte desesperado/a.

私たちは公園に捨てられていた一匹の犬に同情を寄せた。

Nos **dio compasión** un perro abandonado en el parque.

家族も住居もない老人たちを気の毒に思う。

Me **da compasión** ver a los viejos que no tienen ni familia ni vivienda.

早くに両親を亡くした子を不憫に思う。

Nos **dan piedad** los niños que perdieron a sus padres cuando (eran) infantes.

それは災難でしたね。

Siento que haya tenido Ud. tan mala suerte.

あなたの落胆した姿を見るのは心苦しい。

Siento verle decepcionado/a.

自然破壊がかなり進んでいることを私たちは残念に思う。

Sentimos lástima de que haya tanta destrucción de la naturaleza.

寒い中、交通整理をする警察官に同情する。

Siento compasión por el/la policía que dirige el tráfico cuando hace frío.

気の毒に彼女は学費が賄えず大学に行けないのだ。

Es una **lástima** que no pueda estudiar en la universidad por falta de recursos económicos.

そういう結果になってしまい、とても残念です。

¡Qué **lástima** que haya pasado [haya terminado] así!

望みどおりの保険金の額が支払われず、残念だったね。

¡Qué **pena** que no te hayan pagado* la cantidad del seguro que querías!

　※ lástima、compasión、piedad、pena は、基本的に「他人の不幸や苦しみを見

て感じるつらい思い」を表すときに用い、その意味ではどの語彙も大差はありませんが、ニュアンスの微妙な違いはあります。たとえば、lástima は中でも悲壮感がさほど表に出ません。一般的に「残念だ」という使い方のほか、哀れな動物などに対してもよく使われます。しかし、compasión となると遺憾の念がlástima 以上に浮上します。さらに piedad では相手の苦しみや不幸に対する同情の念がより強くなります。また pena はこうした意味合いのほか、「残念だ」といった軽い意味で用いられることもあります。

彼に降りかかった多くの災難に同情する。

Me conduelo de las adversidades que le sobrevinieron a él.

彼女の不当な解雇に同情する。

Me compadezco de su despido injusto.

彼女が一人で悩んでいるのを見ると本当に気の毒だ。

Es muy **lastimoso** verla padecer sola.

5 怒り・恐れ・悲しみ・心配・虚しさ

【憎しみ・怒り】

❋ 怒る、腹を立てる

♦ 激怒する	ponerse furioso/a; dar a ... una patada [bofetada]
♦ 怒る、腹を立てる	enfadarse; enojarse
♦ 怒らせる	ofender; dar coraje [rabia; asco]; exasperar; irritar
♦ 憎悪、敵意	resentimiento; animadversión; odio
♦ …に腹が立つ、むかつく	estar negro/a con ...; sentir resentimiento [animadversión; odio]; sentirse irritado/a; tener a ... sentado/a en la boca del estómago; revolverse a ... el estómago
♦ 癪にさわる	tener a ... atravesado/a en la garganta
♦ 嫌悪感を抱く、憎悪する	sentir antipatía [aversión]
♦ …の怒りを買う	despertar la antipatía [aversión] de ...

※ これらの表現はどれも怒りの温度差はありますが、強烈な負の感情である点では共通しています。

一瞬、彼は激怒した。

Momentáneamente **se puso furioso**.

あの人の話しぶりには、とても腹が立つ。

Aquella persona habla de tal manera que me dan ganas de **dar**le **una patada [bofetada]**.

※ "dar a ... una patada" は「…を蹴る」、"dar a ... una bofetada" は「…に平手打ちを食わせる」、という意味。

私は腹を立てないと決めた。

Decidí no **enfadarme [enojarme]**.

彼の嘘の証言に私は憤りを覚えた。

Me **ofendió** su falso testimonio.

癪にさわるやつだ。

Es un tipo [tío] que me **ofende**.

※ tipo も tío も相手を見下げた意味で使われます。女性形は tipa, tía。

彼はそれを聞くと、青筋を立てて怒った。

　Le **dio** mucho **coraje** al oír eso.

時折自分に腹が立つ。

　A veces me **da rabia** (el) ser como soy.

　※ rabia は disgusto よりも嫌悪感が強くなります。

彼らのことを思うとむかつく。

　Cuando pienso en ellos me **da** mucho **asco**.

彼の返事の仕方が腹立たしい。

　Su manera de responder me **exaspera** [**irrita**].

彼女は自分を裏切ったミゲルに対して憎悪を抱いている。

　Ella **siente animadversión** hacia Miguel por que la traicionó.

古くから両国は敵対関係にある。

　Existe **animadversión** entre esos dos países desde hace mucho tiempo.

彼らの詐欺行為に私たちは頭に来ている。

　Estamos negros con sus engaños [fraudes].

続けさまに私を辱める上司に対して憤りを感じる。

　Siento resentimiento contra mi jefe que me humilla seguidamente.

彼は自分を捨てた父親に憎しみを抱いている。

　Siente odio por su padre que lo abandonó.

返答がないことに彼女は腹を立てている。

　Se siente irritada por no recibir ninguna respuesta.

彼を見ただけでむかついてくる。

　Solo de verlo **se** me **revuelve el estómago**.

　※ "de ＋不定詞" は「…すると、…したら」という意味。動詞 revolver の主語は
　　 estómago で、これは "se ＋間接目的語＋ 3 人称の動詞＋主語" という再帰文の形
　　 です。意味としては「胃の中が引っ掻き回されるほどの嫌悪感」を表しています。

もう久しくトマスとは会っていないし口もきいていない。彼は腹にすえかねる。

　Desde hace mucho tiempo que no veo ni le hablo a Tomás. Lo **tengo sentado en
la boca del estómago**.

　※ 二番目のフレーズにある lo は直接目的語で、Tomás をさします。なお、sentado
　　 （居座った）は lo を修飾する形容詞の役割を果たしているので、相手が女性であ
　　 れば lo が la に、sentado が sentada に変化します。直訳すると「私の胃の入り
　　 口にトマスが座っている」となり、彼を思い出しただけでも嫌悪感がつのるこ
　　 とを表しています。

私たちが彼らを無視したことで彼らは腹を立てたようだ。

　Parece que **sintieron antipatía** hacia nosotros por haberlos ignorado.

ごますりは大嫌いだ。

　Siento aversión por los aduladores.

　　※ antipatía と aversión を比べた場合、同じ「反感、嫌悪」でも aversión のほうが
　　「より激しい怒りの感情」を表します。

先生の発言が学生たちの怒りを買った。

　Las palabras del profesor **despertaron la aversión de** los estudiantes.

彼らのことは口にしないでくれ。癪にさわる。

　¡No me hables de ellos! Los **tengo atravesados en la garganta**.

　　※ 直訳すると「私の喉には彼らが居座っている」となります。

【堪忍・我慢】

✸ 感情を抑える、我慢する

◆ 平静になる、落ち着く	tranquilizarse
◆ 感情を抑える、こらえる	aguantar(se)；contener(se)；reprimir(se)
◆ 怒りを抑える	tragar bilis
◆ （言いたいことや笑いなどを）我慢する	morderse los labios
◆ じっとこらえて、辛抱強く	a pie firme
◆ 辛抱強い、我慢強い	tener buen [mucho] estómago

少し落ち着けよ！

　¡Tienes que **tranquilizarte** un poco!

私は話したいのを我慢しなければならなかった。

　Tuve que **aguantarme** [**contenerme**] para no hablar.

感情を抑えようと努力した。

　Traté de **contener** mis sentimientos.

結局、なんとか怒りを抑えることができた。

　Total, pude **reprimir** [**contener**] mi ira.

わけもなく咎められたときには、怒りを抑えるしかなかった。

　Tuve que **tragar bilis** cuando me reprendieron* sin causa.

　　※ bilis には「胆汁」という意味のほかに、「癇癪、激怒」という意味もあります。

広間がシーンとしているときに、友だちが冗談を言ってきたので、私は笑うまいと
必死にこらえた。

　Como la sala estaba completamente en silencio, tuve que **morderme los labios**
para no reírme cuando mi amigo me contó un chiste.

陰で私の不器用さを批判する人が何人かいたが、私はじっと堪えた。

　Algunos me criticaban a mi espalda, pero aguanté **a pie firme**.

フランシスコに知らせてもかまわないよ。彼なら堪えられるので大丈夫だ。

　Podéis darle la noticia a Francisco. No le afectará porque **tiene buen estómago**.

＊ **我慢できない、堪<ruby>た<rt></rt></ruby>えられない**

♦ 我慢の限界である	no poder más; estar a punto de perder la paciencia
♦ 堪えられない、我慢できない	no (poder) aguantar [soportar]
♦ 堪忍袋の緒が切れる	acabarse la paciencia; agotarse la paciencia

もう我慢がならない。

　Ya **no puedo más**.

もう我慢の限界だ。

　Estoy a punto de perder la paciencia.

彼のひどい仕打ちに堪えられない。

　No puedo aguantar su trato cruel [horrible].

話を途中で遮<ruby>さえぎ<rt></rt></ruby>られるのは我慢ならない。

　No aguanto que se meta en la conversación.

息が詰まるような暑さには閉口する。

　No puedo soportar el calor sofocante.

　※ soportar も aguantar も「我慢する、堪える」という意味で同義です。

あれやこれやと弁解する彼に堪忍袋の緒が切れた。

　Se me **ha acabado la paciencia** para oír sus disculpas.

彼にはずいぶん前から金を返してもらっていない。もう堪忍袋の緒が切れた。

　Ha pasado mucho tiempo sin que me devuelva mi dinero. Ya **se** me **agotó la paciencia**.

【恐怖・恐れ】

✳ 恐れる、怖がる

♦ …を恐れる	tener miedo de …
♦ 怖がらせる	dar miedo
♦ …を懸念して、恐れて	por temor a …

大勢の人中へ出るのが怖い。

Tengo miedo de salir adonde hay mucha gente.

私たちは戦争を恐れている。

Nos **da miedo** la guerra.

私は大地震が怖い。

Me **da miedo** que haya un gran terremoto. /

Tengo miedo de que haya un gran terremoto.

あの人の感情を害するのが怖くて、私は何も言わない。

No digo nada **por temor a** ofenderlo/la.

✳ 肝を冷やす、ぞっとする

♦ 戦慄を覚える	sentir escalofrío
♦ …の血が凍る、肝をつぶす	helarse a … la sangre
♦ ぞっとさせる、怖がらせる	horripilar ; horrorizar
♦ …をひやりとさせる	dar a … un vuelco el corazón
♦ 怖気づく	arrugarse [encogerse] a … el ombligo
♦ 肝を冷やす	sobresaltarse ; atemorizarse

廃屋に入るや、ぞっとした。

Entrando al edificio en ruinas **sentí escalofrío**.

他の車とぶつかりそうになり肝を冷やした。

Se me **heló la sangre** cuando estaba a punto de chocar contra otro coche. /

Me **horripiló** [**horrorizó**] el hecho de que casi iba a chocar contra otro coche.

> ※ "helarse a … la sangre" はまさに「血が凍る」ほどの恐怖感を表しています。また
> 後者の horripilar も horrorizar も「ぞっとする」という意味ではほぼ同じですが、
> 「恐怖・戦慄」の度合いは前者の「血が凍る」ほどではありません。

急にバイクの前に子供が飛び出したので、私は肝を冷やした。

Me **dio un vuelco el corazón** al ver que un niño salió precipitadamente delante de mi moto.

> ※ 直訳すると「心臓がひっくり返る」という意味ですが、日本語でいうと「心臓が止まる」ほどの驚きを表しています。

エウヘニオは初めてパラグライダーで滑空したとき、怖じ気づいてしまった。

La primera vez que Eugenio se tiró en parapentes, se le arrugó el ombligo.

> ※ "arrugarse el ombligo" は「へそがしわしわになる」ほどの恐怖感を表しています。これは "se ＋間接目的語＋ 3 人称の動詞＋主語（ombligo）" という再帰文の形です。

飛行機が不自然な着陸をしたので私は肝を冷やした。

Se me encogió el ombligo cuando el avión hizo un aterrizaje forzado.

> ※ これも前文と同じ構文です。"encogerse el ombligo" は「へそが萎縮する」という意味。日本語の「肝を冷やす」にあたります。

突然の落雷に肝を冷やした。

Me sobresalté con la caída repentina de un rayo.

初めて車で高速道路を走るとき、ほかの車が猛スピードで走っていくのを見れば肝を冷やすものだ。

La primera vez que se corre en coche por la autopista, uno **se atemoriza** viendo correr los otros coches a alta velocidad.

> ※ uno は一般的に「人は」という意味です。

【悲しみ・つらさ】

＊ 悲しい

◆ 悲しい	triste ; entristecido/a
◆ 悲しみ	tristeza
◆ 悲しげな、物悲しい	melancólico/a
◆ 沈鬱な、哀れを誘う	dolorido/a ; afligido/a

どうしたの、なぜ悲しんでいるの？

¿Qué te pasa? ¿Por qué estás **triste**?

悲しいよ。

Estoy **triste**.

それは本当に悲しいね。

En verdad, sí es **triste**.

※ estar は主語の「一時的な心境」を表すとき、ser は補語の形容詞が主語の「本質、性格」を表すときに用います。

愛犬に死なれて悲しい。

　Estoy **entristecido/a** por la muerte de mi perro querido.

父親を亡くした悲しみはしばらく尾を引くものだ。

　Es normal que la **tristeza** de la pérdida del padre siga repercutiendo por un tiempo.

彼はときどき過去を思い出して悲しくなる。

　De vez en cuando le dan **tristeza** los recuerdos.

あれは哀愁を感じさせる曲だ。

　Es una música **melancólica**.

彼は沈痛な面持ちでその場を去った。

　Se fue con semblante **dolorido** [**afligido**].

✳ 気が滅入る、気落ちする

♦ 気の滅入る、憂鬱な	melancólico/a
♦ 気落ちした、落ち込んだ	deprimido/a; desalentado/a; desconsolado/a
♦ 気落ちさせる、気力を失わせる	deprimir; desalentar
♦ …する気力がない	no tener ánimo para ...

なんだか気が滅入る。——まあ、そういうときもあるよ。

　Me pongo **melancólico/a** sin saber por qué. —Bueno, a veces pasa así.

なんとも気が滅入る。——環境を変えたほうがいいよ。

　Estoy muy **desalentado/a**. —Lo que necesitas es un cambio de ambiente.

友人は失恋して落ち込んでいる。

　Mi amigo/a está **desconsolado/a** por la pérdida de su amor.

長いあいだ家にいると気が滅入る。

　Me siento **deprimido/a** cuando no salgo de casa por mucho tiempo.

悲しいニュースを耳にすると、気が重くなる。

　Me **desalienta** oír noticias tristes.

雨が降ったり天気が悪くなったりすると、どうしようもなく憂鬱な気持ちになる。

　La lluvia o el mal tiempo me **deprime** inevitablemente.

何もする気がしない。

　No tengo ánimo para nada.

✳ 心が痛む、つらい

◆ 苦しみ	dolor; pena
◆ 痛ましい、つらい	doloroso/a
◆ 心を痛める	doler el corazón

人それぞれに悲しみや苦しみはあるものだ。

Cada quien tiene algún **dolor** o **pena**.

痛ましいことだ。

Es una situación **dolorosa**.

このことをお伝えするのは私にとってつらいことです。

Es **doloroso**, para mí, decirle esto.

息子を厳しく叱ったあと、心が痛んだ。

Después de regañar a mi hijo severamente, me **dolió el corazón**.

自然の破壊には心が痛む。

Me **duele el corazón** la destrucción de la naturaleza.

✳ 泣く

◆ 泣く	llorar
◆ 涙がこぼれる	correr las lágrimas
◆ 目にいっぱい涙を浮かべる	llenarse de lágrimas; anegarse [deshacerse] en lágrimas
◆ 号泣する、大泣きする	llorar a lágrima viva; llorar a moco tendido
◆ 涙の海	un mar de lágrimas
◆ 後悔して泣く	llorar lágrimas de sangre

私の姪はおもちゃを買ってもらえないと泣き出す。

Mi sobrina **llora** cuando no le compran* algún juguete.

息子が相当な努力をして大学を卒業したとき、メンデス夫人の目から涙がこぼれた。

A la señora Méndez le **corrieron las lágrimas** por las mejillas, cuando su hijo se graduó de la universidad después de muchos esfuerzos.

私は彼らのことを思い出すと涙があふれ出た。

No podía recordarlos sin que mis ojos **se llenasen de lágrimas**.

祖母はちょっとしたことで胸を打たれる。テレビドラマを見ていてもはらはらと涙をこぼす。

La abuela se enternece por cualquier cosa. Aún **se deshace en lágrimas** viendo los dramas en la televisión.

※ "deshacerse en ..." は「極端に…する」という意味。

少女は自転車から落ちて大泣きし始めた。

La niña se cayó de la bicicleta y empezó a **llorar a lágrima viva**.

エレーナはとても涙もろい。ちょっとしたことで大泣きする。

Elena es muy sensible [impresionable]. Por cualquier cosa **llora a moco tendido**.

※ この表現は、同じ大泣きをするにしても「涙を垂らすような勢いで泣くさま」を表しています。

彼女は目にいっぱい涙を浮かべ自室に閉じこもった。

Ella se encerró en su cuarto hecha **un mar de lágrimas**.

※ 主語が「彼」であれば hecha は男性形 hecho に変化します。

私は心底後悔し、長いあいだ涙がとまらなかった。

Me arrepentí verdaderamente. **He llorado lágrimas de sangre** por largo tiempo.

※ これは「血の涙を流す」ほど、「悔悟の情が著しい」ことを意味します。

【心配・胸騒ぎ・緊張】

❊ 心配、不安、胸騒ぎ、気がかり、気が気でない

◆ …を心配する、…に気を揉む	preocuparse por [de] ...; inquietarse por [de] ...
◆ 心配している、気がかりな	preocupado/a; ansioso/a; intranquilo/a
◆ 心配、不安	ansiedad; preocupación; inquietud
◆ 悪い予感、胸騒ぎ	mal presentimiento
◆ 気がかりだ、気が気でない	estar en vilo
◆ 冷や汗	sudor

将来が心配だ。どうすればいいんだ？

Me preocupo por mi futuro. ¿Qué voy a hacer?

きみはそのことを心配しすぎだよ。

Te preocupas demasiado **de** eso.

ラファエルは些細なことに気を揉んでいる。

Rafael está **inquietándose por** una cosa trivial.

※ inquietarse は preocuparse と同様に「心配する」という意味ですが、preocuparse は「ある事柄が頭から離れない」というニュアンスが強い一方で、inquietarse はむしろ「ある事柄を前にして落ち着かず、そわそわした状態」を表します。

私は、あの人に対して冷たい態度をとったのではないかと心配だ。

Estoy **preocupado/a** de si me he portado con frialdad con aquella persona.

彼女から返事がないのが気がかりだ。

Estoy **ansioso/a** por no recibir respuesta de ella.

私たちは地球温暖化がもたらす結果についてとても気がかりだ。

Estamos muy **intranquilos** por las consecuencias del calentamiento de la tierra.

自分の老後を考えるとすごく不安が募ってくる。

Pensar en mi vejez me causa mucha **ansiedad**.

彼は心配でいたたまれなくなり、彼女を迎えに行った。

Ya no pudo aguantar la **preocupación** y salió a buscarla.

昨夜は不安で眠れなかった。

No pude descansar por la **inquietud** [las **preocupaciones**].

> ※ preocupación（単数）は、具体的な心配事ではなく、あれやこれやの心配事をひっくるめた感情をさしますが、preocupaciones（複数）になると、心配事の内容がたとえば仕事、介護、人の安否など具体的なものになります。

彼に何かあったのではないかと胸騒ぎがする。

Tengo [Me da] un **mal presentimiento** de que le ha ocurrido algo.

友人の安否が知れず気がかりだ。

Estoy en vilo sin tener noticias de mi amigo.

毎日職を失いはしないかと気が気ではなかった。

Todos los días un **sudor** se me iba y otro se me venía temiendo perder mi trabajo.

> ※ "un sudor se me iba y otro se me venía" を直訳すると「冷や汗が行ったり来たり」ということで、常に「冷や冷やしている心境」を表します。構文は "se ＋間接目的語＋ 3 人称の動詞＋主語（sudor）" という再帰文の形です。

＊ 緊張する、興奮する

◆ 落ち着かない、そわそわしい	inquieto/a ; nervioso/a
◆ 緊張、緊張状態	tensión ; estado de tensión
◆ 緊張した	tenso/a
◆ 神経過敏	nervios
◆ 興奮した、動揺した	agitado/a
◆ パニックを引き起こす	dar pánico

> ※ p.72「いら立つ、やきもきする」、p.133「神経質」参照。

だんだん緊張してきた。

Me siento **inquieto/a**. / Me estoy poniendo **nervioso/a**.

※ inquieto/a も nervioso/a も「落ち着かない」という意味では同じですが、最初
の文は「自分の今の心境」を表しているのに対し、次の文では「徐々に緊張感
が高まりつつある状態」を示しています。なお、意味的には前項目の preocupa-
do/a、ansioso/a、intranquilo/a とも共通します。

緊張しすぎて手が震えている。

Me tiemblan las manos por causa de la **tensión** [por los **nervios**].

緊張のせいか、胃が痛む。

Tal vez por el **estado de tensión** me duele el estómago.

明日就職の面接があり緊張している。

Estoy **tenso/a** porque tengo una entrevista de colocación [empleo] mañana.

興奮しすぎて眠れない。

No puedo dormir por estar demasiado **agitado/a**.

一瞬パニックになった。

Me **dio pánico** de repente.

【悩み・ジレンマ】

✴ 悩み

◆ 問題、課題	problema
◆ 悩みの種	meollo del problema；quebradero de cabeza
◆ 悩み	preocupación；inquietud
◆ …をわずらわせる、悩ます	traer a … de cabeza
◆ 悩ます、苦しめる	atormentar

※ 日本語で「悩む」といえば、動詞 sufrir, padecer が思い浮かびますが、これらは
一般的に「肉体的、精神的な苦痛や痛手」を言い表すときに用いられ、日本語で
いう「…に悩んでいる」とはニュアンスが異なります。（例）Juan sufrió muchas
adversidades en aquel tiempo. あの当時、フアンの人生は苦難の連続だった。／
María ha padecido tantos reveses estos años. ここ数年、マリアは逆境を堪え抜
いてきた。

私にはいろいろな悩み事がある。

Tengo varios **problemas**.

私は方向音痴であることが悩みの種だ。

Mi mal sentido de orientación es para mí el **meollo del problema**. /

Es un **quebradero de cabeza** mi mal sentido de orientación.

誰もが悩みを抱えている。

Todos tienen **preocupaciones** [**inquietudes**].

不安と焦りの悩ましい日々が続く。

Los días pasan y siguen las **preocupaciones** e irritaciones.

子供たちの教育問題にはいつも頭を悩まされる。

Siempre me **traen de cabeza** los asuntos [problemas] de la educación de los niños.

長年腰痛に悩まされている。

Me **ha atormentado** el dolor de riñones por [durante] mucho tiempo.

＊ ジレンマにおちいる、板挟みになる

♦ ジレンマ	dilema
♦ ジレンマにおちいる	estar en una [la] encrucijada

私は大学院へ進むか、すぐに働くかのジレンマにおちいっている。

Me veo [Estoy] en un **dilema**. No sé si continuar el curso de posgrado o empezar a trabajar inmediatamente.

彼は規程を受け入れるかそれとも会社を辞めるかで板挟みになっていた。

Lo pusieron* en el **dilema** de elegir entre aceptar las reglas establecidas o dejar la compañía.

ペペは家を売るか、それとも負債を支払うために夜も働くかで苦心した。

Pepe se encontró en el **dilema** de vender su casa o trabajar también de noche para pagar sus deudas.

私はどうしようか迷っていてなかなか前に進めない。

Estoy en una encrucijada y me cuesta dar un paso adelante.

【失望・落胆／希望】

＊ 落ち込む、失望する、がっかりする

♦ 落ち込む	pasar [sufrir] un bache
♦ …に失望する、がっかりする	desanimarse con ...; desilusionarse de [con] ...
♦ がっかりさせる、落胆させる	desilusionar; decepcionar

大学不合格の通知をもらい、落ち込んでいる。

Estoy pasando [**sufriendo**] **un bache** después de recibir la noticia de que me reprobaron* en el examen de ingreso de la universidad.

コンサートが中止となり、私はがっかりした。

Me desanimé cuando cancelaron* el concierto.

事前の大々的な宣伝にもかかわらず映画を見て失望した。

Me desilusioné de la película que habían anunciado* mucho antes de estrenarse. / Me **desilusionó** la película a la que habían dado* mucha publicidad antes de estrenarse.

彼の仕事ぶりには失望した。

Me **decepcionó** su manera de trabajar.

彼女は財布を失くしうなだれていた。

Andaba **cabizbaja** porque perdió su billetera.

ラファエルは失恋しがっかりしている。

Rafael está **descorazonado** por haber terminado con su novia.

彼らは悩んだすえ、希望を持てずにその場を撤退した。

Ellos sufrían mucho y se retiraron **decepcionados** de ese lugar.

✱ 希望を持つ

♦ 希望を抱く	encontrar [concebir] esperanza
♦ 希望	esperanza
♦ 何とかやっていく、うまくことを運ぶ	arreglárselas
♦ 大丈夫だ	no pasar nada
♦ うまくいく、順調だ	ir bien

自分の将来に希望を持っている。

Encuentro esperanza en mi porvenir.

希望がかなうといいね。

¡Ojalá se realice tu **esperanza**!

それを聞いて希望が湧いてきた。

Me dio **esperanza** al oír eso.

積極的な態度でのぞめばうまくことを運べるさ。

Nos las arreglaremos de alguna manera si tomamos una actitud positiva.

※ "de alguna manera" は「何らかの方法で」という意味。

とても不安になるんだけど。——大丈夫。すべてうまく行くよ。

Me da ansia. —**No pasa nada**. Todo **irá bien**.

【悔 し さ】

＊ 残念、悔しさ、悔し泣き

◆ 残念に思う	lamentar ; sentir
◆ 遺憾	lástima
◆ 残念に思わせる	dar pena
◆ 悔し泣きする	llorar de despecho [rabia]
◆ 悔しさ、恨み	despecho
◆ 失望、期待はずれ	frustración
◆ 落胆した、挫折した	frustrado/a
◆ 怒り、激怒	coraje

※ lástima、compasión、piedad、pena については、p.54「不憫に思う、同情する、気の毒に思う（相手の気持ちを汲む）」参照。また、お悔やみや遺憾の意については p.103「お悔やみを言う、気の毒に思う、共感する、心が痛む」参照。

パーティーに行けず、残念だ。

Lamento no poder asistir a la fiesta.

残念ながら会議を欠席します。

Siento faltar a la reunión.

残念ですが、ご期待に添うことはできません。

Siento no poder aceptar su petición.

今はたがいに会えないのが残念だ！

¡Qué **lástima** no poder vernos ahora!

私はいつも有意義な時間を過ごそうと思っているが、なかなか実行できないのが残念。

Siempre trato de pasar el tiempo de manera provechosa. Pero es una **lástima** que no pueda ponerlo en práctica.

きみが私のいとこの結婚式に来られないのは残念だ。

Me **da pena** que no puedas venir a celebrar la boda de mi primo.

ごいっしょすることができず残念です。

Es una **lástima** que no pueda acompañarle.

義務を果たせず残念に思っています。

Me **da** mucha **pena** el no haber podido cumplir con mi deber.

私はオーディションにもれ悔し涙を流した。

Lloré de despecho [**rabia**] porque me rechazaron* en la audición.

腹いせに場ちがいな行動に出るのはよくない。

No es bueno actuar intempestivamente en un arranque de **despecho**.

この悔しさは決して忘れない。

Nunca olvidaré este sentimiento de **frustración**.

私は挫折を味わい、気持ちが落ち着かなかった。

Me sentí tan **frustrado/a** que no podía estar quieto/a.

彼らは目標を達成できなかった悔しさから、さらなる練習に励んだ。

Empezaron a practicar más sintiendo **coraje** por no haber obtenido lo que querían.

　※ coraje は「怒り、激怒」という意味ですが、ここでは「自分たち自身に対する腹
　　立たしさ」を表しています。

✳ あきらめる、匙を投げる、泣き寝入りする

♦ あきらめる	abandonar
♦ あきらめて…する、…を甘受する	resignarse a ...
♦ …をあきらめる、…を断念する	renunciar a ...; desistir de ...
♦ 匙を投げる	desahuciar
♦ …をやめる	dejar de ...
♦ 泣き寝入りする	sufrir [aguantar] callado/a

新車を買うのはあきらめた。

Ya **abandoné** el plan de comprar un nuevo coche.

私は途中で建築家の道を断念した。

He abandonado la carrera de arquitecto a mitad de camino.

資金が足りないので、家を買うのはあきらめた。

Ya **me resigné a** no comprar una casa por falta monetaria.

大雪のため、あきらめて1週間家で過ごすことにした。

Por la fuerte nevada **me resigné a** pasar una semana en casa.

考えを断念するのは早すぎる。

Todavía es prematuro [pronto] **renunciar a** su idea.

台風のために漁師たちは海に出るのをあきらめた。

Por el tifón los pescadores **desistieron de** salir al mar.

騙された多くの被害者は泣き寝入りするしかなかった。

Muchas víctimas que fueron engañadas no tuvieron más remedio que **desistir de** protestar.

　　※ "no tener más remedio que ..." は「…以外に方法はない」という意味。

医者は彼の余命が 3 か月だと言い、匙を投げた。

El médico dijo que le quedaban solo tres meses de vida y lo **ha desahuciado**.

彼はその謎が解けずに匙を投げた。

Él **ha dejado** completamente **de** esforzarse en resolver ese problema [enigma].

余計なトラブルを避けようと、泣き寝入りするのはごめんだ。

Rehúso **sufrir** [**aguantar**] **callado/a** por evitar más problemas.

【不満・いら立ち】

✳ 不満、わだかまり、ふてくされ

♦ 申し立て、訴え	querella
♦ 不平、不満、苦情	queja; descontento; disgusto; pesadumbre; pesar
♦ …に不満を抱かせる	descontentar; no satisfacer
♦ 不満である	descontento/a de [con; por] ...
♦ 抗議する、不服を唱える	protestar
♦ 不平をもらす	refunfuñar
♦ ふてくされる、不愉快になる	enfurruñarse; disgustarse

あなたは慈善事業の運営に関して不満はありますか？

¿Tiene (Ud.) alguna **querella** sobre la administración de las obras de caridad?

私は社会の諸制度に対して不満を抱いている。

Tengo **quejas** del sistema social.

不当な命令を下す政府に対する不満が湧き上がっている。

Hay un **descontento** general contra el gobierno por sus órdenes arbitrarias.

いつも彼にはずいぶんいやな思いをさせられてきた。

Él siempre me ha dado muchos **disgustos**.

親友に愚痴をこぼしたので、気持ちが少し楽になった。

Después de contarle mis **pesadumbres** [**pesares**] a mi íntimo amigo, me calmé un poco.

私たちはこんな薄給では満足できない。

Nos **descontenta** recibir poco sueldo. / **No** me **satisface** el salario tan bajo.

今の労働条件では私は不満だ。

Estoy **descontento/a de** las condiciones laborales de ahora.

私たちは裁判所の判決には不服だ。

Protestamos contra la sentencia del tribunal.

不平を並べるかわりに、目標達成をめざして努力したらどうなの？

¿Por qué no te esfuerzas para alcanzar tu meta en lugar de **quejarte** tanto?

彼らは上司への不平をもらしている。

Refunfuñan entre dientes de su jefe.

　※ "entre dientes" は「ぶつぶつ、ぶつくさ」という意味。

彼女はふてくされたのか、ろくに返事もしてくれなかった。

Se enfurruñó [**se disgustó**] y no me contestó bien.

✳ いら立つ、やきもきする

♦ いら立つ、歯がゆい、やきもきする	irritarse con [de] ...; sentirse irritado/a con ...; ponerse nervioso/a por ...; alterarse [crisparse] a ... los nervios
♦ いらいらさせる	irritar; impacientar; alterar [crispar] a ... los nervios
♦ 神経質になる、ぴりぴりする	comerse las uñas

　※ p.65「緊張する、興奮する」、p.133「神経質」参照。

私は部屋を片づけようとしない弟にいらつく。

Me irrito con mi hermano porque no limpia su cuarto.

彼らが約束の時間に来ないので、私はかなりいらついた。

Me **irritó** mucho que no llegaran a la hora prometida.

彼が自分の思いを何も言わないので歯がゆい。

Puesto que no dice nada de lo que piensa, **me siento irritado/a**.

主役のバレエダンサーは舞台に上がるたびに神経が高ぶるのだと言う。

El bailarín principal dice que **se** le **crispan los nervios** cada vez que sube al tablado.

うるさい音楽が私をいらいらさせる。

La música ruidosa me **altera [crispa] los nervios.**

思い通りにならず、私はいら立っている。

Me **impacienta** saber que el asunto no marcha como esperaba.

作業が遅れ私たちはやきもきしている。

Nos **pone nerviosos** la tardanza de la faena. /

Nos ponemos nerviosos por la tardanza de la faena.

父の手術を待っているあいだ、私はぴりぴりしながら結果を待っていた。

Mientras operaban* a mi padre, yo estaba **comiéndome las uñas.**

> ※ "comerse las uñas" は「爪を嚙む」という意味。これは「物事が思いどおりにならず、いらいらしてじっとしていられなくなる」さまを表しています。

【虚 し さ】

✳ 虚しい

♦ 儚い ^{はかな}	fugaz ; efímero/a
♦ 虚しい、空虚な	vano/a

> ※ fugaz、efímero/a は pasajero/a、breve などと同義語で、「束の間の、儚い、短い」という意味で、「長くは続かないさま」を表します。一方、vano/a は inútil、infructuoso/a などと同義語で、「空虚な、むなしい、実りのない、無益な」という意味を強調します。

栄光を追い求めるのは儚い夢だ。

Perseguir la gloria es una ilusión **fugaz.**

> ※「この世の儚さ」を表す語彙は、特にスペイン黄金世紀の文学作品に多く出てきます。

あれは束の間の喜びだと気づいた。

Me di cuenta de que fue una alegría **efímera.**

昆虫の命は短い。

La vida de los insectos es **efímera.**

すべてが虚しく思われる。

Todo me parece **vano.**

6 思い上がり・嫉妬・恥・後ろめたさ

【高慢・自慢／謙虚】

＊ 偉そうな、横柄な、うぬぼれの強い

♦ 自分を…だと信じ込む（思い上がる）	creerse ...
♦ 傲慢な、横柄な	arrogante;　altivo/a;　soberbio/a; orgulloso/a
♦ 横柄に、偉そうに	con altivez
♦ 気どった、うぬぼれの強い	presumido/a; vanidoso/a
♦ …は謙虚さに欠ける	faltar a ... la modestia

一体何様のつもりなんだ。

¿Quién **te crees** que eres?

（あの人は）自分を偉いと思っている。

Se cree importante.

彼は思い上がった態度をとるので、ほとんどだれも彼とは口をきかない。

Casi nadie habla con él, porque **se cree mucho**.

傲慢だ。

Es **arrogante** [**altivo**; **soberbio**; **orgulloso**].

いつも偉そうにしている。

Su comportamiento es siempre **arrogante**. ／ Siempre se porta **con altivez**.

彼女はうぬぼれの強い人だ。

Es una mujer demasiado **presumida**. ／ Es muy **vanidosa**.

彼は部長に昇進したとたんに、私たちに偉そうな態度をとるようになった。

En cuanto ascendió a director del departamento, empezó a tomar una actitud **altiva**.

彼には謙虚さがまったくない。

Le **falta** completamente **la modestia**.

もっと謙虚になったらどうなの。

Sé más modesto/a [humilde].

　　※ 枠内に用語はありませんが、文意は「うぬぼれの強さ」を誡めた内容です。

✳ 自慢する、ひけらかす

◆ 自慢する、誇示する、見せびらかす	hacer gala de ...; presumir de ...; alardear de ...; hacer una exhibición de ...
◆ …を誇る、自慢する、得意になる	enorgullecerse de ...; presumir de ...
◆ 自慢げに	orgullosamente; con orgullo

彼は自分の悪事を自慢する。
　Hace gala de sus fechorías.
彼女は自分が上げた成果をひけらかす。
　Presume de sus logros.
ミゲルはいつも半可通な知識を振りまわす。
　Miguel siempre **alardea de** sus conocimientos como si fuera un sabio [erudito].
ピラールは買ったばかりのグッチの靴を見せびらかすように履いた。
　Pilar se puso los zapatos Gucci que acababa de comprar y caminó **haciendo una exhibición de** ellos.
彼女は自分が美人だとうぬぼれている。
　Ella **se enorgullece de** su belleza.
彼は自分が天才だとうぬぼれている。
　Presume de ser un hombre de genio.
彼らは自分たちで建てた家を自慢げに私たちに見せてくれた。
　Nos mostraron **orgullosamente** [**con orgullo**] la casa construida por ellos mismos.

✳ 優越感／劣等感

◆ …に優越感〔劣等感〕を抱く	sentirse superior [inferior] a ...; sentir superioridad [inferioridad]
◆ 優越感	sentimiento de superioridad
◆ 劣等感	sentimiento [complejo] de inferioridad

彼は皆に対して優越感にひたっている。
　Se siente superior a todos.
私は自分と兄を見くらべ、時おり劣等感を抱く。
　Comparándome con mi hermano (mayor) a veces **me siento inferior**.
彼の聡明さに私は引け目を感じる。
　Siento **inferioridad** ante su inteligencia.

彼女は自分の芸術的才能から優越感にひたっている。

Ella tiene **un sentimiento de superioridad** respecto a su talento artístico.

他の学生と自分自身を比較すると、劣等感にさいなまれる。

Tengo un **sentimiento de inferioridad** cuando me comparo con otros estudiantes.

彼は劣等感が強すぎる。

Tiene un gran **complejo de inferioridad**.

✳ 謙虚、控え目

◆謙虚に、控え目に	con humildad; con modestia; humildemente
◆謙虚な、控え目な、慎み深い	modesto/a; humilde
◆身のほどをわきまえる	conocer *sus* limitaciones

あの人は謙虚な話し方をする。

Aquel señor habla **con humildad**.

子供たちは自分がしたことに対し素直に反省した。

Los muchachos se arrepintieron **humildemente** de lo que habían hecho.

彼は自分の分野では数々の賞を獲得しているが、その謙虚な態度は変わらない。

Aunque ha ganado varios premios en su campo, sigue comportándose **con modestia**.

私たちは謙虚でなければいけないが、謙虚すぎてもいけない。

Tenemos que ser **modestos** y **humildes** en nuestras actitudes, pero sin exceso.

私は身の程はわきまえているつもりだ。

Yo **conozco** muy bien **mis limitaciones**.

【嫉妬・妬み】

✳ 嫉妬する、妬ましい、うらやましい

◆嫉妬深い	celoso/a; envidioso/a
◆嫉妬	celos; envidia
◆嫉妬する	tener celos [envidia] de ...
◆…をうらやましがる、うらやむ	envidiar
◆うらやましがらせる	dar celos; dar envidia
◆妬んで	por envidia

フランシスコは何でもかんでも疑ってかかるほど嫉妬深い。

Francisco es tan **celoso** que sospecha de cualquier cosa.

アナは嫉妬深いうえに傲慢なので、だれともうまく行かない。

Como Ana es **envidiosa** y altanera, no se lleva bien con nadie.

彼女たちはメルセデスの美貌を妬んでいる。

Están **envidiosas** de la belleza de Mercedes.

嫉妬という怪物にはよくよく気をつけたほうがよい。

Hay que tener mucho cuidado del monstruo de los **celos**.

彼女は妹に嫉妬している。

Ella **tiene celos** [**envidia**] de su hermana.

私がうらやましいと思うのは、いつも望みを叶えられる友人の才覚だ。

Envidio la capacidad de mi amigo de lograr siempre lo que quiere.

きみにはたくさんの友だちがいてうらやましい。

Te **envidio** porque tienes muchos amigos.

私たちは仲間の突然の昇進を妬ましく思う。

Nos **da envidia** el ascenso repentino de nuestro compañero.

恋人がクラスメートと楽しそうに話をしているのを見ると妬けてくる。

Me **dan celos** cuando veo a mi novia hablar alegremente con un compañero de clase.

成功した人たちを妬んで悪口を言うべきではない。

Por envidia no se debe hablar mal de los que tienen éxito.

【恥・不名誉・屈辱】

＊ 恥、不名誉

◆ 恥	vergüenza
◆ 恥ずかしい	vergonzoso/a
◆ 不名誉な、恥ずべき	deshonroso/a；infame
◆ 面汚し、不名誉	ignominia；deshonra
◆ 悪評	mala reputación
◆ 面目をつぶす	perder la honra [el honor]

恥を知れ！（相手に対して）

¡Qué **vergüenza**! ／ ¡Ten **vergüenza**!

※ "¡Qué vergüenza!" は、自分、相手、第三者に対して用いられます。"¡Ten vergüen-za!" は、相手の言動に対して、上から目線での言い方になります。

そんな振る舞いだと自分たちの恥をさらすことになる。

Será **vergonzoso** si nos portamos así.

道端にゴミを捨てるのは恥ずべき行為だ。

Es un proceder **vergonzoso** tirar la basura al borde del camino.

それは恥の上塗りだ。

Eso será aún más **vergonzoso**.

警察官でありながら賄賂を受けとるとは恥ずべきことだ。

Es una conducta **deshonrosa** dejarse sobornar siendo policía.

それでは私の立つ瀬がない。

Eso me pone en una situación **deshonrosa**.

山林の木という木を切り倒すのは慎むべき行為だ。

Es una **ignominia** talar todos los árboles del monte.

彼は一家の恥（面汚し）だ。

Él causa la **deshonra** de la familia.

彼のオフィスでの評判はかなり悪い。

Tiene muy **mala reputación** en su oficina.

恥ずべき行いは慎むべきだ。

Hay que abstenerse de actos **infames**.

このような結果となり私の面目は丸つぶれだ。

Resulta que **perdí la honra** por completo.

✳ 屈辱、いじめ

♦ 侮辱、屈辱、不面目、いじめ　　　humillación；vejación

　※ p.77「恥、不名誉」、p.80「きまりが悪い、恥ずかしい、おどおどする」参照。

彼らは政治的思想を理由に自国でかなりの屈辱を受けた。

Sufrieron muchas **humillaciones** en su propio país por sus ideas políticas.

彼は家族を養うために屈辱に堪えている。

Soporta las **humillaciones** para mantener a su familia.

私は前の仕事でずいぶんといじめに遭った。

Sufrí muchas **vejaciones** en mi antiguo trabajo.

みんなの前で叱られるのは屈辱だ。

Es una **vejación** ser regañado/a [amonestado/a] delante de todos.

＊ 出しゃばり、恥知らず、迷惑

♦ …に首を突っ込む、口を挟む、介入する、出しゃばる	meter la nariz [las narices] en …; meterse en …
♦ 恥知らずな人、厚かましい人	sinvergüenza; caradura
♦ 恥知らずな、ずうずうしい	descarado/a; desvergonzado/a
♦ 恥も外聞もなく	descaradamente; desvergonzadamente
♦ 厚かましさ、ずうずうしさ、鉄面皮	desvergüenza; descaro
♦ 迷惑な、めんどうな	molesto/a
♦ 臆面もなく、平気で	con toda la boca; sin molestarse
♦ 恥ずかしいと思わない	no tener vergüenza
♦ 人の言うことを気にしない	no importar el qué dirán
♦ 神経がずぶとい	tener estómago

（あの人は）何事にも細かい人で、いつも口を挟んでくる。

　Es tan quisquilloso/a que no deja de **meter la nariz en** cualquier cosa.

　　※ "no dejar de …" は「必ず…する」という意味。

出しゃばりな人だ。

　Se mete en lo que no tiene que ver con él/ella. /

　Mete las narices en las cosas ajenas.

ずうずうしい人だ（恥知らずだ）。

　Es un/una **sinvergüenza**. / Es un/una **caradura**.

いつだってきみは厚かましすぎる。

　En cualquier caso eres demasiado **descarado/a** [**desvergonzado/a**].

彼は恥も外聞もなく金もうけに走った。

　Recurrió a obtener dinero **descaradamente** [**desvergonzadamente**].

友人の厚かましさには閉口する。

　No soporto la **desvergüenza** de mi amigo. / No aguanto el **descaro** de mi amigo.

老人は切符を買おうとずうずうしくも列に割り込んできた。

　El viejo tuvo la **desvergüenza** de colarse en la fila para comprar los billetes.

とても迷惑な隣人だ。

　Es un vecino [una vecina] muy **molesto/a**.

きみの言うことは本当じゃない。よくも平気で嘘がつけるな。

　No es verdad lo que dices. Mientes **con toda la boca**.

彼らは臆面もなくあらゆる悪事を働く。

Cometen toda clase de maldades **sin molestarse** de lo que dicen [digan] otros.

彼は人をけなすという行為を恥ずかしいとは思っていない。

No tiene vergüenza de portarse así hablando mal de la gente.

あの男は他人に迷惑をかけておいて、人の言うことなどどこ吹く風だ。

Ni siquiera le **importa el qué dirán***.

> ※ "ni siquiera" は「…さえもない」という否定の意味を表します。"el qué" は qué の代わりに用いられ、"el qué dirán" を直訳すると「人々が言うこと、人の噂」となります。

彼らは法律を悪用して金もうけをしている。どこまで神経がずぶといのか私には理解できない。

Ellos ganan dinero abusando de las leyes. Yo no sé cómo **tienen estómago** para hacer eso.

【恥じらい・後ろめたさ】

❋ きまりが悪い、恥ずかしい、おどおどする

♦ 羞恥、恥じらい、きまり悪さ	vergüenza
♦ …を恥ずかしく思う、恥じる	avergonzarse de [por] ...
♦ 恥ずかしい、肩身の狭い、気まずい	avergonzado/a; incómodo/a
♦ ばつの悪い思いをする	sentirse molesto/a
♦ 困った	embarazoso/a
♦ 赤面する	ponerse colorado/a; sonrojarse
♦ 恥ずかしそうに、おどおどして	con vergüenza; tímidamente

> ※ p.77「恥、不名誉」、p.78「屈辱、いじめ」参照。

ああ恥ずかしい！（自分に対して）

¡Qué **vergüenza**!

きまりが悪いったらありゃしない〔恥ずかしかった〕。

Me **da** [**dio**] mucha **vergüenza**.

人前で話すのが恥ずかしい。

Me da **vergüenza** hablar delante del público.

穴があったら入りたい気持ちだ。

Me avergüenzo mucho **de** mi conducta.

通りの真ん中で滑って転び、恥ずかしい思いをした。

Me sentí **avergonzado/a** cuando resbalé y caí en medio de la calle.

お金を借りているだけに、私は肩身が狭い。

Me siento **avergonzado/a** de estar cargado de deudas.

あの人の名前が思い出せず、ばつの悪い思いをした。

Me **sentí molesto/a** por no poder recordar su nombre.

授業参観で息子が先生の質問に答えられず、ばつが悪かった。

Me fue **embarazoso** ver que mi hijo no podía contestar a la pregunta del maestro en la clase.

こんな格好では決まりが悪い。

Me siento **avergonzado/a** [**incómodo/a**] con esta facha.

彼女たちは恥ずかしそうに顔を赤らめた。

Se pusieron coloradas [**Se sonrojaron**] de vergüenza.

彼女は恥じて顔を赤らめた。

Se sonrojó con vergüenza.

フアニートはいつも恥ずかしそうに母親の後ろに隠れる。

Juanito siempre se esconde **tímidamente** detrás de su mamá.

✳ 後ろめたい、こっそり

◆ 後悔させる、自責を促す	remorder
◆ こっそり、隠れて、だれにも見られずに	en secreto; sin ser visto por nadie
◆ 恥を忍ぶ	tragarse el orgullo

親友を裏切ったようで後ろめたい気持ちだ。

Me **remuerde** la conciencia pensando si tal vez traicioné a mi amigo íntimo.

人目を忍んで外出しなければならなかった。

Tuve que salir fuera **en secreto** [**sin ser visto por nadie**].

　※ "en secreto" は文字どおり「秘密裡に、こっそり」という意味で、背後にいろいろな事情が仄（ほの）めかされている感じですが、"sin ser visto por nadie" は「他人にこちらの行動を目撃されないこと」に焦点が当てられています。

恥を忍んで借金を申し出た。

Pedí el préstamo **tragándome el orgullo**.

　※ "tragarse el orgullo" は、直訳すると、「誇り・自尊心を無視する（気にとめない）」となります。日本語でいう「恥を忍ぶ」というイメージにあてはまります。

7 名声・称賛・批判・軽蔑

【称讃・評価・畏怖】

✳ 敬う、敬意を表する、称讃する／敬意を払わない

◆ 敬う、遵守する	respetar
◆ 敬意を表する	admirar; estimar
◆ 敬意	respeto
◆ 丁重な、うやうやしい	deferente
◆ …から尊敬される、慕われる	ser respetado/a por …; ser admirado/a por …; ser estimado/a por …
◆ …に敬意を払わない	faltar al respeto a…; perder el respeto a …

※ admirar、estimar は「驚嘆・讃美に値する何か、またはそうしたことを実践する人」に対しての感情表現であり、respetar は「相手の年齢、人柄、性格、言動などに敬意を表する」ときに用いられる傾向にあります。

私は祖父を尊敬している。

Respeto mucho a mi abuelo.

規則は守らなければいけない。

Hay que **respetar** las reglas.

私たちはあの大学の学長に敬意を表する。

Tenemos gran **respeto** al rector de esa universidad. /

Admiramos al rector de esa universidad.

かしこまって先生の話を聞いた。

Escuché al profesor con mucho **respeto**. /

Me mostré muy **deferente** escuchando a la profesora.

私たちは、彼女の度胸には頭が下がる。

La **admiramos** por su valentía.

課長は部下の尊敬を集めている。

El jefe de la sección **es admirado** [**respetado**] por sus subordinados.

彼の人柄は称讃に値する。

Merece **ser respetado/a** [**estimado/a**] por su personalidad.

若者の中には年配者に敬意を払わない者がいる。

Algunos jóvenes **faltan al respeto a** las personas de mayor edad.

この学校では、教師たちは生徒の心を惹きつける魅力を持っている。

En esta escuela los maestros atraen la simpatía de sus alumnos.

> ※ 枠内に用語はありませんが、文意から先生に対する生徒たちの敬意が見え隠れします。

✳ 評価する、判断する

◆ 評価する（される）、判断する（される）	valorar(se)；evaluar(se)；juzgar(se)
◆ 外見で…を判断する	juzgar a ... por *su* apariencia
◆ 批評、論評	crítica
◆ 成績、評点	calificación

あなたの能力は高く評価されている。

Se le **valora** mucho su talento.

面接は五段階で評価される。

En la entrevista **se evalúa** con el criterio de 1 a 5 .

彼の研究は大いに評価するに値する。

Sus investigaciones valen la pena de **ser valoradas**.

人を外見で判断するのはよくない。

No es encomiable [loable] **juzgar** a la gente **por su apariencia**.

これは評価が分かれる作品だ。

Se dividen las **críticas** en torno a esta obra.

評点は公平でなければならない。

Hay que ser imparcial al dar las **calificaciones**.

✳ 感心する

◆ （驚きなどに用いられる間投詞）	cielos
◆ すばらしい、並外れた	fenomenal
◆ すばらしい、すぐれた	excelente
◆ （歓喜、喝采などに用いられる間投詞）	bravo
◆ 無謀、常軌を逸したこと	barbaridad
◆ 驚嘆	maravilla
◆ 信じられない	increíble
◆ …に感心する、感嘆する	admirarse de ...
◆ 感心させる、感嘆させる、驚かせる	admirar

すごいじゃない！

¡Cielos! / ¡Qué **fenomenal!** / **¡Excelente!**

いいじゃないの！　いいね！

¡Qué **bien!** / ¡Qué **bien** lo has hecho!

いいぞ！　やったね！

¡Bravo!

なんとまあ！

¡Qué **barbaridad!**

> ※ これは感嘆・驚嘆のほか、悲嘆や批判などを表すときにも使われます。（例）
> ¡Qué barbaridad! Este coche corre automáticamente.　なんてことだ、これは自動
> 運転の車だ。／ ¡Qué barbaridad! Otra vez ha subido el impuesto.　なんてことだ、
> また税金が上がったぞ。

すばらしい！

¡Qué **maravilla!**

信じられない。

¡Increíble!

> ※ この語はよい意味でも悪い意味でも用いられます。（例）¿Él sacó el doctorado?
> ¡Increíble! (= Es increíble que haya sacado el doctorado.)　彼が博士号を取ったっ
> て？　信じられない！ / ¿Has olvidado tu cartera [monedero] en el taxi? ¡Increíble!
> (= Es increíble que hayas olvidado tu cartera [monedero] en el taxi.)　タクシーに
> 財布を忘れたって？　信じられない！

あなたの勤勉さには感心します。

Me **admira** su diligencia. / **Me admiro de** su diligencia.

彼女たちの徳行には感心するし、頭が下がる。

Las **he admirado** y estimado por sus virtudes.

彼のそうしたでたらめな言い訳には感心するばかりだ。

Me **admira** su manera de decir tales excusas disparatadas.

> ※ ここでは言い訳を皮肉っています。

きみの行動には感心する。

Tu actitud es **digna de** elogio.

【名声・栄光】

✳ 偉大な、立派な

♦ 偉大な、立派な	grande
♦ 名声、信望、誉れ、栄光	prestigio；fama；gloria
♦ 高潔な、尊敬すべき	honorable
♦ 名門の、名高い	ilustre
♦ 名誉、名声	honra；honor
♦ 称讃に値する、立派な	admirable

彼〔彼女〕は偉大な発明家だ。

Es un **gran** inventor [una **gran** inventora].

※ grande は「単数名詞（男・女）の前」で、語末の de が脱落します。

この出版社はとても評判がよい。

Esta editorial tiene gran [mucho] **prestigio**. ／ Esta editorial tiene mucha **fama**.

野球チームは自分たちの学校に名声をもたらした。

El equipo de béisbol ganó **fama** para su escuela.

あの老人は過去の栄光にしがみついて生きている。

Aquel viejo vive aferrándose [agarrándose] a la **gloria** de su pasado.

※ "aferrarse a ..."、"agarrarse a ..." は「…にしがみつく」という意味。

私の叔父は立派な弁護士で、各界で尊敬されている。

Mi tío es un abogado **honorable**, respetado en muchos círculos.

若者は名家の出だ。

Es un joven de **ilustre** familia.

これは名誉にかかわる大問題だ。

Es una cuestión de **honra** muy importante.

私は中傷から自身の名誉を守った。

Defendí mi **honor** contra la maledicencia.

いかなる状況に置かれても、私の友人のふるまいは立派だ。

Mi amigo/a se porta de manera **admirable** en cualquier circunstancia.

【批判・非難・軽蔑】

＊ 非難する、批判する、顰蹙（ひんしゅく）を買う

♦ 批判、非難	crítica
♦ 批判する、咎（とが）める	criticar
♦ …を責める、非難する	acusar (de) …; reprochar (por) …; echar a … en cara
♦ 〜を…のせいにする	echar a … la culpa de …
♦ …の悪口を言う、…を悪く言う	hablar mal de …
♦ 顰蹙を買う、不快にさせる	causar desagrado
♦ うしろ指をさす	señalar a … con el dedo
♦ 厳しく注意する、厳しく批判する	quitar [sacar] a … la piel a tiras
♦ …を非難する、…に悪口（あっこう）を浴びせる	no dejar a … hueso sano

妥協して作品を作ると、あとで批判の嵐にさらされるだろう。

Si no expreso mi verdadero sentimiento en mis obras, me expondré a **críticas** severas.

　※ "exponerse a …" は「…に身をさらす」という意味。

彼はだれに対しても批判的だ。

Critica a quien quiera que sea.

たとえ批判されたとしてもどうしようもない。

Aunque me **critiquen***, ya no se puede hacer nada.

それは批判されても仕方がないことだ。

Aunque me **han criticado***, eso ya no tiene remedio.

　※ ひとつ前の文では従属節の動詞が接続法現在（critiquen）ですので「私はまだ批判されていない」ことになりますが、この文では従属節の動詞が直説法現在完了（han criticado）ということから「私はすでに批判された」ことになります。

非難されるのは覚悟のうえだ。

Estoy resignado/a a **ser criticado/a**. /

Estoy consciente de que me **criticarán*** después.

　※ スペイン語は、いずれも日本語の「覚悟のうえだ」に相当しますが、少しニュアンスが異なります。"estar resignado/a …" は非難されても「仕方がない」と覚悟を決めた心境を表しますが、"estar consciente …" は非難されるのは「わかっている」という自覚を表します。

私は自分の落ち度を責められた。

Me **han acusado*** de cometer faltas.　/

Me **han echado*** **la culpa** de los errores cometidos.

彼は私の間違いを咎める。

Me **echa en cara** mis faltas.

両親は私の怠惰な生活を責めた。

Mis padres me **reprocharon** (por) mi vida ociosa [mi pereza].

何もかもずいぶん昔のことなのに、彼らはいまだにそのことを非難され続けている。

A pesar de que todo pasó ya hace mucho tiempo, se lo siguen* **echando en cara**.

> ※　動詞 echar には「責任を負わせる」という意味があり、"echar a ... en cara" で「面
> と向かって相手を咎める、責める」となります。se は「彼らに対して」（間接目
> 的語）、lo は「そのこと＝非難の原因となった事象」（直接目的語）をさします。
> これは「間接目的語」＋「直接目的語」＋「動詞」の構文です。

私は人から悪口を言われても平気だ。

No me importa que **hablen*** **mal de** mí.

そんなだらしない服装で式典にのぞむと顰蹙を買うよ。

Si asistes a la ceremonia con ese vestido informal, **causarás desagrado**.

ハイメはうしろ指をさされないよう、いつも誠実に仕事をこなしていた。

Jaime siempre hacía su trabajo honradamente para que no le **señalasen con el dedo**.

担当者は新しく入った従業員の些細なミスですら難詰した。

El encargado les **quitaba la piel a tiras** a los nuevos empleados por cualquier
error que cometían.

> ※　"quitar a ... la piel a tiras" は「相手の皮膚を細かく引き剥がす」というほど、相手
> に対して徹底的に難詰する姿勢が表れています。

あの役人は公金横領の廉で告発され、世論の非難にさらされることにもなった。

El funcionario fue acusado de malversación de fondos, y además el público **no** le
dejó hueso sano.

> ※　"no dejar a ... hueso sano" も上記の例文と同じように身体の一部を使った表現で、
> 「相手に健全な骨を残さない」ほど、相手をこきおろす姿勢が見てとれます。

✳ 軽蔑する、見下す

♦ 軽蔑する、ばかにする、見下す	desdeñar; despreciar; menospreciar; mirar a ... por encima del hombro
♦ 軽蔑して、ばかにして	desdeñosamente; despectivamente

♦ 蔑んだ、軽蔑的な	desdeñoso/a；despectivo/a
♦ …を軽視する	tener a ... en menos；tener ... en poco
♦ ぞんざいに扱う、無下にする	tratar a ... con la punta del pie；tratar a ... sin cortesía [descortésmente]

彼は周囲の人たちを軽蔑するような態度をとる。

Se porta arrogante **desdeñando** a los que le rodean.

彼女は私の服装を見て、人をばかにしたような態度をとる。

Me **desprecia** por mi vestido [ropa].

彼には年下の仲間たちを見下すという悪い癖がある。

Él tiene el defecto de **menospreciar** a los compañeros de menor edad.

彼女は私を蔑むように笑みを浮かべた。

Me sonrió **desdeñosamente**.

私は蔑むような視線を投げかけられた。

Me echaron* una ojeada **despectiva**. / Me miraron* **despectivamente**.

私は軽蔑したような口調で話しかけられた。

Me hablaron* con tono **desdeñoso** [**despectivo**].

ラウラは美人コンテストで優勝して以来、女性たち全員を見下げるようになった。

Desde que Laura se ganó el primer premio en el concurso de belleza, **mira a todas por encima del hombro**.

弱小チームを見くびってはいけない。

No debemos de **tener en menos** la capacidad del equipo perdedor.

※ "en menos" は「より少なく」という意味で、相手チームの実力を「過小評価するさま」を表しています。

親を蔑ろにするのはよくない。

No es bueno **tener en poco** a los padres.

金持ちの中には貧乏人をぞんざいに扱う者がいる。

Algunos ricos **tratan con la punta del pie a** los pobres.

自分の部下たちをぞんざいに扱う者が何人かいる。

Hay algunos que **tratan a** sus subordinados **sin cortesía** [**descortésmente**].

✳ からかう、嘲笑する、失笑を買う

♦ …をからかう、愚弄する	reírse de ...; burlarse de ...; mofarse de ...; hacer burla de [a] ...; ridiculizar; tomar a ... el pelo
♦ 笑い物、物笑いの種	hazmerreír
♦ 嘲笑、冷笑、失笑	risa sarcástica [burlona]

悪気があって笑ったのではない。

　No **me reí** con mala intención.

きみをからかっているのではない。

　No **me estoy riendo de** ti.

人をからかわないでくれ！

　¡No **te burles de** mí!

人の失敗をからかわないでください。

　No **se mofe de** mi fracaso.

あの人は私のことが気に入らないのだろう。だから私をからかうのだ。

　Tal vez le caigo mal, por eso **hace burla de** mí.

彼はいつも仲間にばかにされている。

　A él siempre lo **ridiculizan** sus amigas.

私は突飛なことを発言して、嘲笑の的となった。

　Por haber dicho cosas extravagantes fui el **hazmerreír** de todos.

彼女の意味のない弁解には、失笑を禁じえなかった。

　No pude contener [aguantar] una **risa sarcástica** al oír sus disculpas irrazonables.

的外れな発言をして失笑を買った。

　Mi comentario desacertado [inoportuno] provocó una **risa burlona**.

私は臆病な態度をからかわれた。

　Me **tomaron*** **el pelo** por mi timidez.

✳ 皮肉、嫌味

♦ 皮肉、嫌味	ironía; retintín
♦ 皮肉を込めた	irónico/a

あの人の悪い癖はだれに対しても皮肉を言うことだ。

　Su mal hábito es decir [soltar] **ironías** a quienquiera que sea.

他人を傷つけるような皮肉はよくない。

　No es bueno ser **irónico** lastimando a las personas.

彼は嫌味たっぷりな口調でものを言う。

Habla con mucha **ironía**.

彼らに嫌味を言われた。

Me lo dijeron con **retintín**.

【ばかばかしさ・物足りなさ・つまらなさ・退屈】

＊ ばかげた、冗談

◆ 役に立たない、無駄な	inútil
◆ ばかげたこと	tontería；ridículo；ridiculez
◆ ばかげた	absurdo/a
◆ からかい	broma
◆ …を笑わせる	hacer a ... reír

とんでもない！

¡Qué va!

話にならない！

¡Ni hablar! / **¡Es inútil!**

ばかげている。

¡Qué tontería!

機械のように一生働き続けるのはばかばかしい。

Es una **tontería** trabajar toda la vida como una máquina.

こんなことに金を使うなんてばかげている。

Es **ridículo** gastar el dinero en tal cosa [en una cosa así].

それはばかげた話だ。

Eso es una **ridiculez**.

なんてばかげた質問なんだ！

¡Qué pregunta tan absurda!

同じことを何度もくり返すのはばかげている。

Es **absurdo** repetir lo mismo varias [muchas] veces.

私は冗談だと思った。

Creí que se trataba de una **broma**.

> ※ "tratarse de ..." は「話（問題）は…である」という意味で、3 人称単数で用いられ
> ます。（例）En el congreso de este verano se trata de Miguel de Cervantes. この
> 夏の大会ではミゲル・デ・セルバンテスがテーマだ。

きみの話は笑止千万だ。

Me **hace reír** mucho lo que dices.

✳ とんでもない

♦ とんでもない、冗談じゃない！	¡(Ni...) ni narices!
♦ …なんてとんでもない	no ... (ni...) ni nada；que ... ni que nada

今日はちゃんと家にいるんだぞ。映画やカラオケに行くなんてとんでもない！

¡Hoy te quedas en casa! !**Ni** ir al cine **ni** al karaoke **ni narices**!

ここでは冗談もひそひそ話もやめろ、もってのほかだ。静かにするんだ！

Aquí **no** quiero bromas, **ni** cuchicheos **ni narices**. ¡A callar!

図書館で騒いだり叫んだりなんて、とんでもないことだ。

En la biblioteca **no** se permite armar jaleo **ni** gritar **ni nada**.

この時間に遊ぶなんてとんでもない！

¡A estas horas **que** jugar **ni que nada**!

✳ つまらない、物足りない、退屈

♦ 退屈な	aburrido/a
♦ 全然おもしろくない	no tener ninguna gracia [nada de gracia]
♦ 足りない、欠けている	faltar
♦ 物足りない	dejar algo que desear
♦ まったく興味のない	nada interesante
♦ 退屈を紛らす、無聊を慰める	paliar el aburrimiento
♦ 暇つぶしをする	pasar el tiempo

一人で旅をしても退屈だろうな。

Será **aburrido** viajar solo/a.

私にはその授業は退屈で、いつも眠くなる。

Esa clase me parece **aburrida** y siempre me da sueño.

昨日見た映画はつまらなかった。

Fue **trivial** [aburrida] la película que vi ayer.

そんなのは全然おもしろくない。

Eso **no tiene ninguna gracia**. / **No tiene nada de gracia**.

この文章は説得力がなくて物足りない。

Estas frases no me convencen y en ellas **falta** algo satisfactorio.

彼の説明と態度に物足りなさを覚えた。

Dejó algo que desear su explicación y conducta.

例のオペラ公演だけど、私にはまったく興味がない。

Para mí **no** es **nada interesante** la representación de esa ópera.

私は無聊を慰めるのに絵を描き始めた。

Empecé a pintar para **paliar el aburrimiento**.

私は退屈しのぎに本屋へ行った。

Fui a la librería para **pasar el tiempo**.

※ "pasar el tiempo" の代わりに "matar el tiempo" とすると「時間をつぶす」となります。(例) Entré en una cafetería para matar el tiempo hasta que ellos vinieran. 彼らが来るまで時間をつぶすのにカフェに入った。

✳ 低俗な、くだらない

◆ 低俗な、品の悪い	vulgar
◆ 品の悪さ	vulgaridad
◆ 悪趣味	calidad baja
◆ 無意義な、意味のない、くだらない	insignificante
◆ 瑣末なこと、とるに足りないこと	trivialidad

私としては俗っぽい小説は読みたくない。

No me gusta leer novelas **vulgares**.

彼の趣味はある意味で低俗だ。

En su afición se nota en un sentido la **vulgaridad**.

※ "en un sentido" は「ある意味で」という意味。

近ごろのテレビは低俗な〔趣味の悪い〕番組が多い。

La mayoría de los programas en la televisión de hoy día son **vulgares** [de **calidad baja**].

くだらない物語だ。

Es un cuento **insignificante** [**trivial**].

くだらない話はもうやめよう。

Ya dejemos de hablar **trivialidades**. /

Ya no quiero seguir hablando sobre tales cosas **insignificantes**.

8 見せかけ・愛想・嘘・疑念

【見せかけ・ふり】

✳ 装う、ふりをする

♦（思い、気持ちを）偽る、隠す	disimular
♦…のふりをする、装う	aparentar; fingir
♦知らないふりをする	hacer como que no saber
♦見せかけ、ふり	fingimiento
♦…と反対のことを言う	decir lo contrario de ...

彼はよく感情を偽る。
　Muchas veces **disimula** sus sentimientos.
私は平静を装おうとした。
　Quise **aparentar** serenidad.
パブロは知ったかぶりをする。
　Pablo **aparenta** saber todo.
冷静を装っても動揺が顔に出ているよ。
　Se te nota en la cara la perturbación a pesar de que **finges** calma [serenidad].
彼らは他人が経済的に困っていても見て見ぬふりをする。
　Fingen no darse cuenta de que los demás están económicamente en apuros. /
　Hacen como que no saben los apuros en que están los otros.
病気を装って授業をさぼってもすぐにばれるさ。
　Si faltas a las clases **fingiéndote** enfermo/a, se descubrirá pronto.
あの人の振る舞いから本性が現れた。
　Se descubrió [se reveló] su **fingimiento** por su conducta.
私は自分の感情と反対のことを言ってしまった。
　Dije lo contrario de mis sentimientos.

✳ 空涙

♦空涙、偽りの涙	lágrimas de cocodrilo; lágrimas falsas

彼女は自分の願いをかなえるためには空涙も流す。
　Ella, para conseguir lo que quiere, llora **lágrimas de cocodrilo**.

※ "lágrimas de cocodrilo" は「ワニの涙」という意味。古くからの伝説によれば、ワニは獲物を食べる時に涙を流しながら悲しそうに見せかけるというものですが、本来ワニは目の潤滑としてよく涙を流します。この涙の流し方から「空涙」、「偽善」の象徴となったようです。

コンチャは場合によっては空涙も厭わない。

Dependiendo de la ocasión Concha se afana en derramar **lágrimas falsas**.

※ "afanarse en ..." は「…に精を出す、骨を折る」という意味。

【世辞・愛想】

✴ お世辞を言う、機嫌をとる

♦ お世辞	halago ; cumplidos
♦ ごますり（の）、おべっか使い（の）	adulador/ra
♦ へつらう、お世辞を言う	adular ; halagar ; lisonjear
♦ 可愛がる、甘やかす	mimar
♦ 楽しませる、気を紛らす	divertir ; distraer

お世辞はもうたくさんだ。

Ya no quiero **halagos**. / Basta ya de **halagos**.

ここではお世辞は通用しない。

Aquí no sirven de nada los **cumplidos**.

上司の前で愛想ばかり言う人だ。

Es **adulador/ra** con el jefe.

彼の世辞は見え透いている。

Está (bien) clara su intención de **lisonjear**. / Su **halago** es obvio.

彼らは彼の金が目当てでごまをする。

Ellos lo **adulan** por su dinero.

お世辞が上手だ。

Sabe **adular** [**halagar**].

あの若者は若い女の子からいつもちやほやされている。

A aquel joven siempre le **lisonjean** las chicas jóvenes.

私はむずかる子供の機嫌をとる。

Mimo al nene que está llorando. /

Trato de **divertir** [**distraer**] al pequeño que está de mal humor.

※ divertir や distraer は「楽しませる」という意味から「あやす」という感覚ですが、mimar は「可愛がる、甘やかす」という意味で多少意味が違ってきます。

【嘘】

✳ 嘘をつく、出まかせを言う

♦ 嘘	mentira
♦ 嘘つきの	mentiroso/a
♦ 嘘をつく	mentir ; decir mentiras
♦ 口から出まかせを言う	ser pura baba
♦ ぬけぬけと嘘をつく、臆面もなく嘘をつく	mentir con toda la barba

彼は時どきたわいない嘘をつく。

A veces cuenta **mentiras** insignificantes [sin importancia].

彼らの嘘に騙されないように。

No vayas a ser engañado/a con las **mentiras** que dicen. /

Cuidado con las **mentiras** que cuentan [echan]. /

Que no te engañen sus **mentiras**.

なぜ彼女は平気でよく嘘をつくのか私には理解できない。

No sé por qué ella suele decir **mentiras** sin escrúpulos [sin turbarse].

嘘はばれやすいものだ。

Normalmente las **mentiras** salen a la luz con facilidad.

（あの人は）嘘つきだ。

Es **mentiroso/a**.

平気で嘘をつく人だ。

No tiene ningún escrúpulo en **mentir**. /

No tiene ningún temor [ninguna aprensión] de **decir mentiras**.

嘘をつかないでよ！

¡No **mientas**!

嘘をつくと後ろめたい気持ちになる。

Me siento culpable después de **mentir**. /

Me quedan remordimientos después de **mentir**.

彼は口から出まかせを言うので、みんなから信用してもらえなくなった。

Él no consiguió que nadie le creyera porque **es pura baba**.

きみにはまったく信がおけないね。臆面もなく嘘をつくんだから。

No te creo ni una palabra. **Mientes con toda la barba.**

✳ 騙す、たぶらかす

♦ 騙す	engañar；estafar；dar atole con el dedo
♦ 偽りの	falso/a；fingido/a

彼のあざとい手口（偽りの親切心）で私は騙された。

Me **engañó** con sus palabras de **fingida** afabilidad.

私は 50 万円を騙しとられた。

Me **estafaron*** un medio millón de yenes.

彼女は騙されていたが、ようやく目が覚めたようだ。

Hace tiempo que le **estafaban***, pero a la postre se le cayó la venda de los ojos.

> ※ "caerse a ... la venda de los ojos" は「目隠しが外れる」すなわち「目が覚める、正しい判断力をとりもどす」という意味になります。

彼らはずいぶん前から支払うべきものは支払うと言い続けているが、私たちはいつも騙されてしまう。

Tienen ya mucho tiempo diciéndonos que nos van a pagar lo que nos deben. Nos **están dando atole con el dedo.**

> ※ この表現は主にメキシコ、グアテマラなどで使われます。atole はトウモロコシの粉に水または牛乳を入れて作る、どろどろした飲み物のことで、直訳すると「指でアトーレを差し出す」となります。つまり、ドロドロしているので指ではまともにすくって差し出せず、相手を騙すという意味につながります。

長いあいだ私たちはあてにしてきたが、期待を裏切られた。

Por largo tiempo nos han hecho* tener esperanzas **falsas.**

ドン・フアンの関心事は女性たちを愚弄することだ。

Lo que le interesa a don Juan es **burlarse de** las mujeres.

【疑　念】

✳ 疑わしい

♦ 疑わしい、ありそうにない、怪しい	dudoso/a；sospechoso/a；improbable
♦ …を疑う、疑問に思う	dudar；sospechar；recelar de ...；tener sospechas [dudas] de ...

◆疑いの目で　　　　　　　　　　　con recelo

その話はなんとなく疑わしい。

　Eso es un poco **dudoso**.

彼が持ってきた話はかなりうさんくさい。

　Es bien **sospechoso** el caso que trajeron ellos.

彼の言葉は眉唾物だ。

　Lo que ha dicho me suena **improbable**.

気をつけろ！　あいつは怪しいやつだ。

　¡Cuidado con aquel hombre! Es un tipo **sospechoso**.

私としては彼の公明正大さに疑問が残る。

　Dudo de su integridad.

怪しまれるような行動は控えるべきだ。

　No debes de portarte de manera que **sospechen*** de ti.

人から怪しまれないよう行動には気をつけるべきだ。

　Tienes que cuidar de tu conducta para que no **recelen*** de ti.

見かけなんて当てにならないことを知ってか、彼は人を疑わずにはいられない。

　Sabiendo que las apariencias engañan, no deja de **tener sospechas de** los demás.

彼らがここで仕事を続けたいかどうかについて私は半信半疑だ。

　Veo **con recelo** que quieran seguir trabajando aquí.

9 祝福・激励・感謝・お悔やみ・謝罪

【祝福・ねぎらい・激励】

✳ 祝う、ねぎらう

♦ 喜び、幸せ	felicidad
♦ おめでとう！（間投詞）	¡Enhorabuena!
♦ 幸せな、幸福な	feliz
♦ 祝辞、讃辞	felicitaciones
♦ 祝う	celebrar；felicitar
♦ …してよかった！	¡Qué bueno que ...!；¡Qué bien que ...!

おめでとう。

¡Felicidades! / **¡Enhorabuena**!

> ※ ¡Felicidades! と ¡Enhorabuena! はどちらも相手を祝福するときに用いられますが、特に後者は相手が何かで成功を収めたときにかける言葉です。

誕生日おめでとう。

¡Feliz cumpleaños! / ¡Que seas **feliz** en tu cumpleaños!

10 回目の結婚記念日おめでとう。

Feliz décimo aniversario de boda.

クリスマスおめでとう。

¡Felices Pascuas! / **¡Feliz** Navidad!

新年おめでとう。

¡Feliz Año Nuevo!

大学の合格おめでとう。

Felicidades por haber podido entrar en la universidad.

卒業おめでとう。

Felicitaciones en tu graduación.

結婚おめでとう。お幸せに。

Enhorabuena por su casamiento. ¡Que sean felices!

出産おめでとう。

Felicidades por el nacimiento de su bebé.

新年を祝ってパーティーをしよう。

Vamos a hacer una fiesta para **celebrar** el Año Nuevo.

弁護士になるという彼の決意は皆から称えられた。

Celebraron* su decisión de hacerse abogado.

きみが希望した会社に入れてよかったね。

Te **felicito** de que puedas trabajar en la compañía que querías. /

¡Qué bien que hayas conseguido el trabajo que querías!

テストで優秀な成績がとれてよかったね。

¡Que bueno que hayas sacado [obtenido] notas sobresalientes!

お子さんが授かってよかったですね。

Me alegro del nacimiento de su bebé.

よく頑張ったね。

Te has esforzado bastante. / Has hecho muchos esfuerzos.

きみは全力を尽くしたね。

Has hecho todo lo posible.

30 年間の勤務、ご苦労さま。

Te agradecemos que hayas hecho tu trabajo por treinta años con ahínco [con diligencia].

> ※ 上記の三つの例文は、枠内に用語はありませんが、どれも「相手の努力をねぎ
> らう」ものです。

【激励・刺激】

＊ 励ます

♦ しっかり！（間投詞）	¡Ánimo!
♦ 元気を出す	animarse
♦ 落胆しない	no desilusionarse; no abatirse
♦ うまくいく	arreglarse bien; ir bien; marchar bien
♦ あきらめない	no perder las esperanzas
♦ 励ます、元気づける	animar; alentar
♦ 元気をとりもどす	recobrar el ánimo
♦ 心配しない	no preocuparse
♦ 願いをかなえる	cumplir [llevar a cabo] *su* deseo
♦ …で成功する	tener éxito en …

がんばってください！

¡Ánimo! / **¡Anímese!**

※ ánimo は「魂、勇気、気力」という意味ですが、ここでは間投詞の役割を果たしています。

気を落とさないで！

¡**No** te **desilusiones**!

逆境に屈しちゃだめだ。

No dejes **abatirte** ante las adversidades [los infortunios].

すべてうまく行くから。

Todo **se arreglará bien**. / Todo le **irá bien**. / Imagino que todo **marchará bien**.

あきらめてはいけません。

Que **no pierda las esperanzas**.

友だちが問題を抱えているので励ましてやりたい。

Quiero **animar** a un amigo mío que tiene problemas.

両親はいつも私を励ましてくれた。

Mis padres siempre me **alentaron** [**animaron**].

医者は病魔と戦うよう私を励ましてくれた。

El médico me **ha alentado** a luchar contra la enfermedad.

元気を出さなくちゃね。

Hay que **recobrar el ánimo**.

心配は無用だ。すべてうまく行くから。

No te preocupes. Todo te **irá bien**.

フライトアテンダントになりたいというきみの望みはきっとかなうよ。

Tú podrás **cumplir** [**llevar a cabo**] **tu deseo** de ser azafato/a [auxiliar de vuelo].

きみは事業で成功すると思うよ。

Creo que **tendrás éxito en** tu negocio.

✳ 鼓舞する、刺激する

♦ 人の心を動かす	conmover; mover
♦ 関心を向けさせる	atraer la atención
♦ …を変える力	poder de cambiar ...
♦ 刺激する、鼓舞する	estimular
♦ 励み、刺激、張り合い	aliciente; estímulo

首相の発言は国民感情を動かした。

El comentario del primer ministro **conmovió** al público [**movió** los sentimientos del pueblo].

それには有権者に訴える力がある。

Eso tiene la fuerza de **atraer la atención** de los votantes.

その声明には世論を変える力がある。

El mensaje tiene el **poder de cambiar** la opinión pública.

多くの命を救いたいという彼の願いが、彼をウィルス研究へと駆り立てた。

Su deseo de salvar muchas vidas le **estimuló** a las investigaciones del virus.

賞をとることが彼の励みとなっている。

Para él es un **aliciente** ganar el premio.

私は陶器作りにどうも張り合いが出ない。

No tengo ningún **aliciente** para seguir haciendo la cerámica.

マエストロの一言が彼にとって一連の傑作を生み出す励みとなった。

Solo una palabra del maestro le sirvió de **estímulo** para producir una serie de obras maestras.

【感謝・恩義】

✻ 感謝する

◆感謝	gracias
◆…に感謝している	estar agradecido/a por [de] ...; sentir (un) agradecimiento por ...
◆…に謝意を表する、感謝する	expresar [manifestar; demostrar; mostrar] *su* agradecimiento [gratitud] por ...; agradecer
◆喜ばせる	agradar
◆親切な	amable
◆親切	amabilidad
◆助け	ayuda

いろいろありがとう。

Gracias por todo.

　※ 相手に感謝されたときに「どういたしまして」と返したければ、"De nada. / No hay de qué. / No es nada." のように言います。

どうもありがとう。

Mil **gracias**. ／ Un millón de **gracias**.

誕生日プレゼント、ありがとう。うれしいよ。

Gracias por tu regalito de cumpleaños. Me da (mucho) gusto.

ご協力にとても感謝しています。

Estoy muy **agradecido/a por** su colaboración.

ふたたびチャンスをお与えいただき、心から感謝申し上げます。

Siento un agradecimiento sincero [profundo] **por** haberme dado otra oportunidad.

ご心配いただき、ありがとうございます。

Muchas **gracias** por haberse preocupado de [por] mí.

お気づかいに対し感謝の言葉もありません。

No sé cómo **expresar mi agradecimiento por** su consideración hacia mí.

あなたには言葉では言い表せないほど感謝しています。

No sé cómo **demostrar**le **mi gratitud**.

あなたの心のこもったおもてなしに感謝します。

Deseo **expresar mi gratitud por** su cordial acogimiento.

あなたの細かなお心づかいに感謝します。

Quiero **manifestar**le **mi agradecimiento por** todas sus atenciones.

私は気持ちを込めて彼らにお礼を言った。

Se lo **agradecí** con honda emoción. /

Les **mostré mi agradecimiento** de todo corazón.

どうお礼を申し上げればよろしいのやら。

No tengo suficientes palabras para **expresar mi agradecimiento**.

夕食に招待くださり感謝しています。

Le **agradezco** haberme invitado a cenar.

あなたがしてくださったことに、とても恩義を感じています。

Le **agradezco** todo lo que ha hecho por mí.

私を訪ねてくださり嬉しいです。

Me **agrada** que me haya visitado.

> ※ agradar はどちらかと言えば「自身の満足感」を強調する言葉ですが、その背後
> にはもちろん「ありがたいという気持ち」も潜んでいます。

ご親切にどうも。

Muy **amable**. / Es usted muy **amable**.

あなたのご親切は忘れません。

Nunca olvidaré su **amabilidad**. (= No olvidaré nunca su **amabilidad**.)

とても助かりました。

Me ha sido de gran **ayuda**.

＊ 恩を仇^{あだ}で返す、恩知らず、恩着せがましい

◆ 恩を仇で返す	devolver mal por bien；pagar el bien con el mal
◆ 報いてくれない	no corresponder bien
◆ 恩知らずの、忘恩の	ingrato/a
◆ 恩着せがましい態度をとる	echar a ... en cara

彼は恩を仇で返した。

Me **devolvió mal por bien**. ／ Me **pagó el bien con el mal**.

私はあらゆる面で彼女を支援していたというのに、彼女はそれに報いてはくれなかった。

No me **correspondió bien**, aunque yo le ayudaba en todo.

恩知らずにはなりたくない。

No quiero ser **ingrato/a**.

恩知らずにはなってくれるなよ。

No seas **ingrato/a** conmigo.

彼は時折恩着せがましい態度をとる。

A veces me **echa en cara** el favor que me ha hecho.

　※ 直訳すると「時折、彼は私に施した恩を私の面前に投げかける」となります。

私たちは友人だったのに、彼は私にひどい仕打ちをした。

A pesar de que éramos amigos, se portó mal conmigo.

　※ 枠内に用語はありませんが、スペインでは持ちつ持たれつの関係にあることを amigo, amistad で言い表すことを考えると、「恩を仇で返す、恩知らず」の意味が含まれていることがわかります。

【お悔やみ・遺憾】

＊ お悔やみを言う、気の毒に思う、共感する、心が痛む

◆ 残念なこと、同情	lástima
◆ 苦痛、苦悩	pena
◆ 気の毒に思う	sentir；lamentar
◆ お悔やみ、哀悼	condolencia；pésame
◆ 適切な言葉が見つからない	no encontrar palabras apropiadas [adecuadas]
◆ …だと感じる	sentirse ...

♦ …に共感する	acompañar en …; simpatizar con …
♦ つらい思いをさせる	apenar
♦ …の心が痛む	doler a … el corazón

それは残念です。

Es una **lástima**. / Me da **lástima**. / ¡Qué **lástima**!

遺憾に思います。

Lo **siento**.

心が痛みます。

Me da **pena**.

心からお悔やみ申し上げます。

Le expreso mi profunda **condolencia**. / Quisiera ofrecer mi sincero **pésame**.

お母さまのご逝去に対し心からお悔やみ申し上げます。

Le doy de todo corazón el **pésame** por el fallecimiento de su madre.

悲しみに沈んでおられるようですが、何と申し上げてよろしいのやら。

Al verle tan desanimado/a, **no encuentro palabras apropiadas** [**adecuadas**] para alentarle.

胸中お察しいたします。

Comprendo cómo **se siente**. / Le **acompaño en** su sentimiento. /

Simpatizo con usted.

ご不幸を遺憾に思います。

Siento [**Lamento**] mucho lo que ha pasado.

若くして亡くなった友人の死を残念に思う。

Siento mucho la muerte de mi amigo tan joven.

祖父の死はとても悲しかった。

Me **ha apenado** mucho la muerte de mi abuelo.

この悪い知らせを伝えるのは心が痛む。

Me **duele el corazón** darle esta mala noticia.

【謝罪・お詫び・後悔】

✳ 詫びる、許し（赦し）を乞う

♦ すみません。（間投詞）	Perdón.
♦ 申し訳なく思う	sentir

♦許す、赦す	perdonar; disculpar
♦残念に思う	deplorar
♦弁解、言い逃れ	excusa
♦詫びる、赦しを乞う	pedir perdón; pedir disculpas
♦…は残念なことだ	Lástima que ...

申し訳ありません〔ごめんなさい〕。

Perdón. / **Perdone**. / Lo **siento**.

　※ lo は、「そのこと＝お詫びをしなければならない要因となる事柄」をさします。

すみません。こちらのミスです。

Perdone. Es mi culpa. / Lo **siento**; el error es mío. / **Deploro** mi error.

お詫びの言葉もありません。

No tengo palabras de **excusa**.

怒らせてしまって申し訳ありません。

Siento haberle ofendido. / **Siento** haberle hecho enojar.

遅れることを前もってメールで知らせることができず、すみませんでした。

Siento no haber podido avisarle mi tardanza de antemano por e-mail.

長らくお待たせして、申し訳ありません。

Perdone [**Perdóne**me] por haberle hecho esperar mucho. /

Perdone que le haya hecho esperar mucho.

遅れて悪かったね。

Perdona por haber llegado tarde. / **Perdóna**me que haya llegado tarde.

遅刻したことを皆に謝ったらどうなの？

¿Por qué no **pides disculpas** a todos por tu retraso?

許されないかも知れないが、きみのしたことについて先生に謝っておくべきだ。

Aunque no te **perdone**, debes de **pedir perdón** al maestro por lo que hiciste.

ごめんなさい。気がつきませんでした。

Perdóneme. Es que no me di cuenta.

気に障ったらお許しください。

Si acaso le he ofendido, le pido que me **perdone**.

申し訳ありませんが、あと10分ほどお待ちいただけますか。

Perdone, ¿podría (Ud.) esperar unos diez minutos más?

ご期待に添えず、申し訳ありません。

Lástima que no haya podido lograr lo que quería (usted).

ごめんなさい、急用ができました。

Discúlpeme, pues tengo un asunto urgente. /

Perdón, me ha surgido un compromiso ineludible.

※「急用」ですが、厳密にいうと "asunto urgente" は「急な用事」、"compromiso ineludible" は「避けられない約束」ということで、双方の意味が少し異なります。

✳ 後悔する／後悔しない

♦ …を後悔している	estar arrepentido/a de …; arrepentirse de …
♦ 言ってはいけないことを言う	decir lo que no debe
♦ …すべきだ	deber …
♦ …のほうがよい	ser mejor …
♦ 後悔、自責の念	arrepentimiento; remordimiento
♦ 後悔などどこ吹く風だ	no mostrar ningún arrepentimiento

※ p.143「反省する、改心する」参照。

彼にあんなことを言って後悔している。

Estoy arrepentido/a de haberle dicho tal cosa.

かなり遠くまで旅行に出かけたことを私たちは後悔している。

Nos arrepentimos de haber ido tan lejos de viaje.

ついつい口が滑り、言ってはいけないことを言ってしまった。

Se me fue la lengua y le **dije lo que no debía**.

※ "se me fue la lengua" は「口が滑る」という意味で、直訳すると「舌（言葉）が私から出て行った」となります。fue は動詞 ir（行く）の「直説法点過去・3人称単数」で、主語は lengua です。

若いころもっと勉強しておくべきだった。

Debería haber estudiado más cuando (era) joven.

※「debería [debía] haber ＋過去分詞」の形で「…しておくべきだったのに」となります。

あのとき彼女に謝っておけばよかった。

Debería haberle pedido perdón. / **Habría sido mejor** pedirle perdón.

後悔先に立たず。

El **arrepentimiento** siempre llega tarde.

彼の言動には反省の兆しがまったく見えない。

No se le ve ni un ápice de **arrepentimiento** en sus actos y palabras.

※ "un ápice de ..." は「ほんのわずかな…」という意味。

何らかのかたちでもう少し彼らに手を差し伸べてあげればよかったと後悔している。

Siento **remordimientos** de no haberles ayudado un poco más de cualquier manera.

すべきことはしたので、もう悔いはない。

He hecho todo lo que pude. **No** siento **ningún arrepentimiento** [**No me arrepiento de** nada].

いろいろあったが、彼には後悔などどこ吹く風だ。

A pesar de todo él **no muestra ningún arrepentimiento**.

自分がばかだった。

¡He sido tonto/a! ／ ¡Que tonto/a soy!

同じことは二度とくり返しません。

Nunca haré lo mismo. ／ No voy a repetir el mismo fracaso.

※ 上記二つの例文は枠内の用語にはありませんが、文そのものには「反省」の気持ちが込められています。

＊ 時間の無駄

♦ 時間の無駄	pérdida de tiempo
♦ 時間を無駄にする	perder el tiempo

時間の無駄だ。

Es una **pérdida de tiempo**.

時間の無駄以外の何物でもなかった。

No era más que una **pérdida de tiempo**.

何もせずに待つだけなら時間の無駄です。

Perdemos el tiempo sin hacer nada solo esperando.

【謝罪・詫びに対して】

＊ 詫びに応える

♦ 気にしない	descuidar; no preocuparse
♦ 詫びる、弁解する	disculparse
♦ 責任、過失	culpa

大したことじゃありません。

No es gran cosa. / No es un problema tan serio. / No pasa nada. /

No tiene importancia.

※ これらの例文に見られる語は枠内の用語にはありませんが、いずれも「相手を安心させる」のによく用いられます。

気にしないでください。

Descuide. / **No se preocupe.**

これは許せません。

No puedo **perdonar** esto.

謝らなくてもいいですよ。

No necesita **pedir perdón**.

謝るほどのことじゃありませんので、もう気にしないでください。

No es un error [una falta] como para **disculparse**. ¡Ya **no se preocupe**!

謝られても困ります。

No sé qué hacer si **se disculpa** [si se sigue **disculpándose**].

あなたのせいじゃありませんよ。

No es su **culpa**. / (Usted) no tiene la **culpa**.

重大なミスではありませんが、見過ごすことはできません。

No fue un error grave, pero no podemos **pasar por alto** esto.

ごめんなさい、言っちゃいけないことを言ってしまって。——大丈夫、怒っちゃいないから。

Perdona. Dije lo que no debía. — **No es nada**. No estoy enfadado/a [enojado/a].

10 粋・優雅・地味・質素

【粋・優雅】

✳ 粋、容姿端麗

♦ 粋な、優雅な、上品な	majo/a; garboso/a; elegante; fino/a
♦ 颯爽とした、凛々しい	airoso/a; gallardo/a
♦ 粋な身のこなし	porte elegante; mucho estilo
♦ 優雅に、粋に	garbosamente; de modo garboso
♦ ハンサムな、美人の	guapo/a
♦ 容姿端麗	buena figura; buena presencia
♦ 魅力的な	atractivo/a
♦ 優雅、上品、洗練	elegancia; refinamiento
♦ 趣、よき趣味	buen gusto

（あの人は）かっこいい〔粋だ〕。
　Es **majo/a**.
仕草が上品だ。
　Tiene ademanes **elegantes**.
颯爽としている。
　Anda con aire **garboso**. / Es **airoso/a** [**gallardo/a**].
身のこなしが粋だ。
　Tiene un **porte elegante**. / Tiene **mucho estilo**. /
　Camina [Se mueve] **garbosamente** [**de modo garboso**].
とてもハンサム（美人）だ。
　Es muy **guapo/a**.

　※ 一般的に美男・美女をさすのに guapo/a が使われます。上記の majo/a、gallardo/a、
　　 garboso/a などは、むしろ文学作品に散見されます。

容姿端麗だ。
　Es de **buena figura**. / Tiene **buena figura**. / Es de **buena presencia**.
魅力的な人だ。
　Es **atractivo/a**.
彼女はふくれるととても色っぽい。
　Cuando se enfurruña, se ve más **atractiva**.

あの人の趣味は茶の湯で、風流を解する人だ。

Su afición [hobby] es el arte de té y sabe apreciar la **elegancia** y el **refinamiento**.

この古い建物には風雅な趣がある。

Esta casa vieja tiene un aspecto **elegante** y **fino**.

このホテルのロビーには趣がある。

El recibidor de este hotel es de **buen gusto**.

【地味・質素】

✳ 飾り気のない、清らかな

♦ 地味な、飾り気のない、控え目な	modesto/a；sobrio/a；discreto/a
♦ 隠しごとのない、裏のない、正直な	franco/a；sincero/a
♦ 質素な、清らかな、穢れのない	sencillo/a；puro/a

※ franco/a、sincero/a は同じような意味ですが、franco/a はその人の「気性、生活習慣からにじみ出る態度」、sincero/a はその人のその場での「思慮、分別、意図的な行動に端を発する態度」を表します。sencillo/a は「性格的に純朴、愚直な人」、puro/a は「道徳的に見て公明正大、実直な人」をさします。しかし同義語として用いられるケースもしばしばあります。

（あの人は）見た目が地味だ。

Parece **modesto/a** [**sobrio/a**].

マルケス氏の行動パターンは地味だ。

El señor Marqués es **modesto** [**sobrio**] en sus costumbres.

彼らはとても質素な暮らしをしている。

Llevan una vida muy **sencilla**.

飾り気のない人だ。

Es **sobrio/a** [**franco/a**]. / Es una persona **sincera**.

この街の大半の人は素朴で親切だ。

La mayoría de la gente de esta ciudad es **sencilla** y afable.

清らかな心の持ち主だ。

Tiene el corazón **puro**. / Es **sencillo/a**.

Ⅱ 性格・性向・行動

1 性格・人柄・身の上

【タイプ・容姿】

✳ タイプ、容姿

◆ どのような人？	¿Cómo es ...?
◆ 性格、人柄	carácter
◆ タイプ	tipo
◆ …に似ている	parecerse a ...
◆ 身体的に、肉体的に	físicamente

きみの妹はどんな人？

  ¿Cómo es tu hermana?

彼はどんな性格の人ですか？

  ¿Cómo es su **carácter**? ／ ¿Qué **carácter** tiene?

まさに私のタイプだ。

  Es mi **tipo**. ／ Es el **tipo** que me gusta [fascina].

性格的にきみはだれに似たのかな？ ——たぶん父親だろう。

  ¿A quién **te pareces** de **carácter**? —Quizá (**me parezco**) **a** mi padre.

彼女の美しさは母親似だ。

  Se parece a su madre en la hermosura.

前の恋人はどんな容姿の人だったの？

  ¿Cómo era tu ex-novio/a **físicamente**?

✳ わかりやすい人

◆ 容易に見てとれる	notar(se) fácilmente
◆ 簡単にわかる	saber(se) fácilmente

彼は感情がすぐに顔に表れる。

  Se le **notan fácilmente** sus sentimientos en la cara.

彼女の感情はわかりやすい。

　Se puede **saber fácilmente** qué está sintiendo [siente].

✳ 個性的な、意志が強い／意志が弱い、優柔不断

◆ 個性、特性	individualidad
◆ 個性、性格	personalidad
◆ 独自の考え	propio pensamiento
◆ 独立心	carácter independiente
◆ きっぱりノーと言う	decir un no rotundo
◆ 断固として、きっぱりと	en redondo; rotundamente
◆ 不動の	firme
◆ 強い意志	voluntad firme
◆ 優柔不断な、決断力のない、意志の弱い	indeciso/a; irresoluto/a
◆ 敢然と、きっぱりと	resueltamente

彼は個性的だ。

　Expresa su **individualidad**.

私の姉は個性が強い。

　Mi hermana es una mujer de mucha **personalidad**. /

　Mi hermana tiene una fuerte **personalidad**.

リカルドの強い個性は仕事の面で際立っている。

　La **personalidad** fuerte de Ricardo hace que destaque en los negocios.

私はいかなる場合にも自分の考えを表現するよう心がけている。

　Procuro expresar mi **propio pensamiento** en cualquier caso.

彼の独立心は、厳格さを求める会社とは相容れない。

　Su **carácter independiente** no congenia [va bien] con la rigidez de la compañía.

彼女はきっぱりノーと言える人だ。

　Ella no duda en **decir un no rotundo**. / Sabe negarse **en redondo**.

（あの人は）意志の強い人だ。

　Sabe mantenerse **firme** en lo que dice [en cuanto a sus decisiones]. /

　Es un hombre [una mujer] de **voluntad firme**.

意志の弱い人〔優柔不断〕だ。

　Es **indeciso/a**. / No tiene fuerza de **voluntad**. /

　Es una persona de poca **voluntad**. / Es de carácter **irresoluto**.

私はすぱっと物事を決められない。

No sé decidir **resueltamente** las cosas.

＊ 威厳のある、威圧的な

♦威厳のある、堂々とした	majestuoso/a
♦威圧的な、命令的な、有無を言わせない	imponente；imperativo/a

（あの人は）威厳のある人だ。

Es **majestuoso/a**.

彼の風貌には何か威圧感がある。

Su presencia tiene algo de **imponente**. ／ Su presencia es algo **imponente**.

有無を言わせない父親だ。

Es un padre **imperativo**.

【身の上にかかわること】

＊ 血液型

♦血液型	grupo de sangre；grupo sanguíneo

あなたの血液型は何ですか？ ——O 型です。

¿Cuál es su **grupo de sangre** [**grupo sanguíneo**]? /¿A qué **grupo de sangre** pertenece? —(Pertenezco) al grupo O. (= Mi **grupo sanguíneo** es O.)

血液型と人の性格との関係をきみは信じるかい？ ——まあ、ある程度はね。

¿Crees en la relación entre el **grupo sanguíneo** y los caracteres humanos? —Sí, hasta cierto punto.

＊ 年齢

♦年齢	año；edad
♦20 代の、30 代の、40 代の、50 代の	veinteañero/a；　treintón/na　[treintañero/a]；cuarentón/na [cuarentañero/a]；cincuentón/na
♦…歳である	tener ... años
♦…代前半	la primera mitad de los ...
♦…代後半	la segunda mitad de los ...
♦…（歳）に見える	aparentar ... (años)

◆年をとった、老けた	viejo/a
◆高齢の	anciano/a
◆若い	joven
◆年をとる	envejecer

※ 物以外であれば、viejo/a は人や動物に対して用いられますが、anciano/a は人に限られます。特に後者には高齢者を敬う気持ちが含まれます。

あの人は若いです。二十歳前後かと思います。

Es joven. Parece que **tiene** alrededor de 20 **años**.

まだ幼い（あどけない）子供です。

Es un niño de tierna **edad**.

（あの人は）確実に 20 代です。

Seguro que es **veinteañero/a**.

30 歳すぎではないかと思います。

Imagino que **tendrá** más de 30 **años**.

30 歳にはなっていないと思います。

Imagino que **tiene** menos de 30 **años**.

見たところ 40 代後半から 50 代前半だと思います。

A mi parecer tendrá de **la segunda mitad de los** 40 a **la primera de los** 50.

40 代だが、若く見える。

Es un hombre [una mujer] **cuarentón/na** y se ve joven.

ちらっと見ただけですが、どう見ても 60 歳は超えています。

De un vistazo, diría que **tiene** más de 60 (sesenta) **años**.

※ decir の過去未来形 diría の主語は「私」です。これは婉曲表現になります。

少し老けて見えます。

Aparenta más **años** de los que tiene. ／ Parece más **viejo/a** de lo que es.

その老人は 95 歳になる。

El **anciano** tiene 95 años de edad.

（あの人は）実際の年齢とは思えない。

No **aparenta** la edad que tiene.

実際よりも若く見える。

Se ve más **joven** de lo que es.

しばらく見ないうちに老けてしまった。

Ha envejecido mucho mientras no lo/la veía.

✳ 既婚／独身

♦ 既婚の、結婚している	casado/a
♦ 結婚する	casarse
♦ 晩婚である	casarse con alta edad ; casarse de edad mayor
♦ 早婚である	casarse joven
♦ 独身の、未婚の	soltero/a ; solterón/na

私はまだ結婚していない〔独身だ〕。

　Todavía **no** estoy **casado/a**. ／ Soy **soltero/a**.

何歳で結婚したの？

　¿Cuántos años tenías cuando **te casaste**?

22 歳で結婚した。もう 30 年も前になる。

　Me casé cuando tenía 22 años. Ya hace 30 años. ／

　Tenía 22 años. Ya llevo 30 años de **casado/a**.

　※ "Ya llevo ..." を夫婦として言うときは、"Ya llevamos 30 años de casados."（私たち
　　は結婚してもう 30 年になる）とします。

私の家族は晩婚の傾向にある。

　En mi familia tienden a **casarse con alta edad** [**de edad mayor**].

若いうちに結婚するのがいいとは限らない。

　No siempre es bueno **casarse joven**.

彼女には息子が一人いるが、未婚の母だ。

　Ella tiene un hijo, pero es madre **soltera**.

あのご婦人は独り者だ。

　Aquella señora es **solterona**.

　※ "solterón/na は婚期を過ぎても独り身であり続ける人をさします。

【ポジティブな性格】

✳ 善人、親切

♦ 善良な	bueno/a
♦ 好感の持てる、愛想のよい	simpático/a
♦ 親切な	amable
♦ 気を配る	cuidar

（あの人は）いい人だ〔善良な人だ〕。

 Es **buena** persona. ／ Es **bueno/a**.

愛想がいい。

 Es **simpático/a**. ／ Es una persona **simpática**.

親切な人だ。

 Es **amable**.

彼女は喜んでお年寄りの世話をする。

 A ella le gusta **cuidar** a los ancianos.

✳ 寛容、度量が広い

◆ 寛大な、気前のよい	generoso/a
◆ 心がひろい	ser de gran corazón；tener un gran corazón
◆ 寛容な性格	carácter generoso

（あの人は）寛容な（度量の大きい）人だ。

 Es **generoso/a**. ／ Es una persona **generosa**.

 ※ generoso/a は「物惜しみしない、寛大な精神」を表します。indulgente は日本語では「寛大な、寛容な」ですが、以下のように「甘やかす」という意味で用いるのが普通です。（例）Manuel es indulgente con sus hijos. マヌエルは自分の子供を甘やかしすぎる。

<ruby>寛仁大度<rt>かんじんたいど</rt></ruby>の人だ。

 Tiene un gran corazón. ／ **Es de gran corazón**.

生まれつき心がひろい。

 Tiene un **carácter generoso** de nacimiento. ／

 Es de **carácter generoso** de nacimiento.

彼らは慈善事業に対していつも寄付するほど寛大だ。

 Son tan **generosos** que siempre hacen donaciones para las obras caritativas.

彼は人の欠点を批判するかわりに長所を見出せる懐の深い人物だ。

 Es de gran corazón y sabe encontrar las cualidades de cada quien en lugar de criticar sus defectos.

✳ 礼儀正しい、育ちがよい

◆ 礼儀正しい、育ちのよい	educado/a；cortés
◆ 上品な、気品のある、洗練された	elegante；refinado/a

あの人は私に丁重な態度で接してくれた。

Se portó muy **cortés** conmigo.

彼は育ちがよく親切だ。

Es un hombre **educado** de trato afable.

✳ 陽気な、外向的

♦ 陽気な、快活な	alegre; jovial
♦ 明けっぴろげな	abierto/a
♦ 外向的な	extrovertido/a

※ extrovertido/a の反意語は introvertido/a（内向的な）。

（あの人は）朗^{ほが}らかな人だ〔明るい人だ〕。

Es **alegre** [**jovial**]. / Tiene un carácter **alegre** [**jovial**].

明けっぴろげな性格の持ち主だ。

Tiene un carácter muy **abierto**.

外向的な性格だ。

Es **extrovertido/a**. / Tiene un carácter **extrovertido**.

✳ 物事を楽しめる

♦ …を楽しむ	divertirse con ...; disfrutar de [con] ...
♦ 喜びである、気に入る	placer
♦ 喜び、楽しみ	placer

（あの人は）何にでも楽しめる性格だ。

Se divierte con todo. / Todo le **place**. / Sabe encontrar el **placer** en cualquier cosa.

子供たちは些細なことですら楽しめる。

Los niños **disfrutan** aun **de** cosas triviales.

✳ 剽軽^{ひょうきん}、冗談好き

♦ 剽軽な、茶目っ気のある、おどけた	gracioso/a
♦ 冗談好きな、滑稽な	chistoso/a

（あの人は）剽軽な人だ。だから人気がある。

Es **gracioso/a**, por eso es popular.

冗談好きな人で、よくジョークを飛ばす。

Es **chistoso/a** y le gusta bromear.

＊ 温厚な、やさしい、気立てのよい、物腰の柔らかい

♦ 穏やかな、物静かな	tranquilo/a
♦ やさしい、思いやりのある	cariñoso/a；tierno/a；afectuoso/a
♦ 気立てのよさ	buen carácter；buen genio
♦ 温厚な、柔和な	bondadoso/a；dulce
♦ 物腰の柔らかい	suave

（あの人は）穏やかな性格の人だ。

Es una persona **tranquila**. / Tiene un carácter **tranquilo**.

おっとりしている。

Es muy **tranquilo/a**.

やさしい人だ。

Es **cariñoso/a** [**tierno/a**; **afectuoso/a**].

性格がよく、皆に愛されている。

Es querido/a por todos por su **buen carácter**.

気立てのいい人だ。

Tiene **buen genio**.

温厚な人だ。

Es **bondadoso/a**. / Tiene un carácter **dulce**.

> ※ dulce には、afectuoso/a（やさしい、愛情のこもった）、amable（親切な）、cordial（心
> のこもった）といった意味もあります。（例）Es muy dulce. とてもやさしい人だ。

物腰の柔らかい人だ。

Sus **ademanes** son **suaves**. / Tiene **modales suaves**.

＊ 忍耐強い

♦ 忍耐	paciencia
♦ 忍耐強く	con paciencia
♦ 忍耐強い、根気のある	paciente
♦ 我慢する、堪える	aguantar

せかせかしない人だ。

Tiene mucha **paciencia**. / Se porta **con paciencia**.

彼は忍耐強い。

Es **paciente**. ／ Es una persona **paciente**. ／ Sabe **aguantar** mucho.

＊ 積極的、楽観的、前向き

◆ 活発な、行動的な	activo/a
◆ 積極的な、前向きな	positivo/a
◆ 楽観的な	optimista
◆ 溌剌とした、活気のある、精力的な	animado/a；enérgico/a；vivaracho/a

（あの人は）積極的な人だ。

Es **positivo/a**.

前向きに物を考える人だ。

Piensa de manera **positiva**.

この病院の院長は慈善事業に積極的だ。

El director de este hospital se muestra muy **activo** en las obras de beneficencia.

生まれつき楽観的だ。

Es **optimista** de nacimiento.

溌剌としている。

Se ve **animado/a** [**enérgico/a**; **vivaracho/a**].

＊ 大胆

◆ 大胆な	audaz；atrevido/a；osado/a
◆ 効果的な、断固たる	enérgico/a
◆ 思い切った、徹底した	drástico/a

（あの人は）大胆な人だ。

Es **audaz** [**atrevido/a**; **osado/a**].

今回は効果的な作戦を立てる必要がある。

Esta vez tenemos que elaborar un plan **enérgico**.

私たちは問題にぶつかるたびに、思い切った手段に打って出る。

Siempre que nos enfrentamos a problemas, tomamos medidas **drásticas**.

　※ "enfrentarse a ..." は「…に直面する」という意味。

✳ 屈託がない、些細なことにこだわらない

◆ 屈託のない、気にしない	despreocupado/a ; desenfadado/a
◆ …に執着しない、こだわらない	no aferrarse a ... ; no preocuparse de [por] ...
◆ 気がかりのない	libre de cuidado [preocupación; preocupaciones]; sin preocupación
◆ 落ち着いた、平気の平左だ	sereno/a
◆ 顔色ひとつ変えない、動揺しない	no alterar *su* gesto ; perturbarse
◆ 気にならない、気分を損なわない	no molestar
◆ 些細なことにこだわらない	no pararse en pelillos

（あの人は）何の屈託もない人だ。

Es **despreocupado/a** [**desenfadado/a**]. / Es una persona **despreocupada**. /
No se preocupa de nada.

私は些細なことにはこだわらない。

No me preocupo de algo tan insignificante. / **No me aferro a** cosas triviales.

私たちが見たところでは、あの人はようやく心配事から解放されたようだ。

Por fin podemos ver su rostro **libre de cuidado** [**preocupaciones**].

　※ preocupación の単数・複数の違いは p.65 の注参照。

彼らはいつ見ても屈託がなく、晴れ晴れとしている。

Siempre parecen estar **sin preocupaciones** y de buen humor.

彼は他人に批判されようとも、平気の平左だ。

Se muestra **sereno**, lo critiquen* o no lo critiquen*. /

No altera su gesto [**No se perturba**], a pesar de que lo critican*.

　※ 二つの文では、主語が女性であれば、直接目的語の lo が la になります。なお、最初の文では接続法 critiquen が使われていることから、「批判されるという行為がまだ実現していない」か、または実際に批判されていても「話者がそれを認めないという意思表示」ですが、次の文では直説法 critican が用いられていることから「実際に批判されている」ことになります。

彼女たちには、他人の冷やかし行為は一切気にならなかった。

A ellas **no les molestaban** las manifestaciones de burla de los demás.

そんなことで怒ったりはしない。些細なことなど気にしちゃいないよ！

No me enojo por algo así. ¡**No me paro en pelillos**!

　※ 再帰動詞 pararse（立ち止まる、留まる）と pelo（髪）の縮小辞 pelillo（短い髪＝細かいこと）が組み合わさり、「些細なことにこだわらない」となります。

❋ 頼りになる、健気、几帳面、正直

◆信頼できる、任せられる	fiable ; confiable
◆信頼する、信用する	fiarse de ... ; confiar en ...
◆正義、公正	justicia
◆几帳面な、きちんとした	ordenado/a ; metódico/a
◆外連味のない けれんみ	sin fanfarronadas ni engaños
◆健気な、感心な	admirable ; encomiable
◆頼りになる人	brazo derecho
◆廉直、正直 れんちょく	manos limpias
◆正直な、誠実な、高潔な	recto/a ; honrado/a

（あの人は）頼りになる人だ。

　　Es **fiable** [**confiable**]. / Es una persona **de** quien puedo **fiarme**. /

　　Es una persona **en** quien uno/a puede **confiar**.

　　※ uno/a は一般的に「人」をさします。

正義感の強い人だ。

　　Tiene sentido de **justicia**.

几帳面な（きちんとした）人だ。

　　Es **ordenado/a**. / Es **metódico/a**.

外連味のない人だ。

　　Se porta **sin fanfarronadas ni engaños**.

あの子は健気な子供だ。

　　Es un niño [una niña] **admirable** [**encomiable**].

私はきみなしでこのデザインを完成できなかっただろう。きみはとても頼りになるよ。

　　Yo no podría haber terminado este diseño sin ti. Eres mi **brazo derecho**.

役人は長年勤務し、今は廉直の士として退職する。

　　El funcionario se jubila con las **manos limpias** después de trabajar por mucho tiempo.

彼女のまっすぐなところ、誠実なところは変わらない。

　　Ha sido siempre **recta** y **honrada**.

❋ 気が利く、理解がある

◆注意深い、気が利く	atento/a

♦ …に気づく、…を心得ている	darse cuenta de …
♦ …をきちんと理解する	comprender bien …
♦ 良識のある、思慮分別のある	prudente；sensato/a
♦ 物わかりのよい	comprensivo/a

あの人は気が利く人だ。

Es **atento/a**.

アリシアは常に何が必要なのか心得ている。

Alicia siempre **se da cuenta de** lo que es necesario [lo que hace falta].

彼はよく機転が利く。

Comprende bien lo que debe hacer.

彼はものわかりのよい先生だ。

Es un profesor **comprensivo**.

彼女は良識のある人で、その問題に口出しするのを拒んだ。

Siendo **prudente** [**sensata**] se negó a comentar sobre ese asunto.

✳ 賢い、物知り

♦ 賢明な、利口な	inteligente；acertado/a；listo/a；juicioso/a；avispado/a
♦ 物知り、学者、賢人	sabio/a

（あの人は）賢明な決断ができる。

Sabe tomar decisiones **acertadas**.

とても賢い人だ。

Es muy **inteligente** [**listo/a**]. / Es muy **juicioso/a**.

カルロスは頭のよい人で通っているが、本当のところはわからない。

Carlos pasa por **inteligente**, pero en verdad no sé si lo es o no.

　※ "pasar por …" は「…で通っている、…と見なされている」という意味。

彼女は若いにもかかわらず利口なので、呑み込みは早いと思うよ。

Aunque es joven, es **avispada** y aprenderá pronto.

初代学長は有名な碩学だった。

El primer rector de la universidad era un **sabio** famoso.

【ネガティブな性格】

✳ 不寛容、度量が狭い

♦不寛容な、度量の狭い	intolerante；no ser tolerante
♦融通のきかない	intransigente
♦…を受け入れる術を知らない	no lograr comprender ...
♦…を拒む傾向にある	tender a rechazar ...
♦…を受け入れない	no aceptar ...

彼はいかなる状況でも不寛容だ。

　Es **intolerante** en cualquier circunstancia.

彼女は他人の欠点に対して寛容ではない。

　No es **tolerante** con los defectos ajenos.

私たちの上司は、代替案をとり入れたほうがよい場合でも融通がきかない。

　Nuestro jefe es **intransigente** aun en los casos en los que es conveniente tomar decisiones alternativas.

彼には他人の行動が理解できない。

　No logra comprender el comportamiento ajeno.

彼女は年輩の人の忠告を拒む傾向がある。

　Tiende a rechazar las advertencias de sus mayores.

あの人は自分とは相反する他人の言動を認めない。

　No acepta que le lleven* la contraria.

　　※ "llevar la contraria a ..." は「…に逆らう、反対する」という意味。

あの人は私たちの意見を受け入れようとはしない。

　Aquella persona **no quiere aceptar** nuestras opiniones.

✳ 気が強い／気が弱い

♦気が強い	carácter fuerte；fuerte de carácter
♦気が弱い	carácter débil；débil de carácter

とても気の強い人だ。

　Es de **carácter** muy **fuerte**. ／ Es muy **fuerte de carácter**.

気の弱い人だ。

　Es de **carácter débil**. ／ Es **débil de carácter**.

✴ 子供っぽい、幼稚

◆ 子供っぽい	como un niño [una niña]
◆ 幼稚な、子供じみた	pueril; infantil
◆ 子供みたいな行動をする	hacer chiquilladas [niñerías]

子供っぽい人だ。

Es **como un niño** [**una niña**]. / Es de **carácter pueril** [**infantil**].

あの人のふるまいはまるで子供同然だ。

Actúa **como un niño** [**una niña**].

彼は注意を引こうと子供っぽい方法に打って出る。

Hace chiquilladas para atraer la atención.

子供じみたことはやめて、まじめに議論してほしい。

Deja de **hacer niñerías** y discute en serio.

✴ 自己中心的

◆ 自分のことしか考えない	mirarse el ombligo; no pensar más que en sí mismo
◆ 自分が世界の中心だと思っている	creerse el ombligo del mundo

フアンに助けを求めても断られるのが落ちだ。彼はいつも自分のことしか考えないからね。

Si le pides ayuda a Juan, se rehusará, pues siempre **está mirándose el ombligo**.

　※ "mirarse el ombligo" を直訳すると「自分のへそを見つめる」となり、「へそ以外の物事が見えない」ことを表しています。

彼は自分のことしか考えず、相手がだれであろうと自身のことを話し続ける。

Él **no piensa más que en sí mismo** y habla sin parar de sus propias cosas con quien quiera que sea.

彼女は大企業の経営者で、自分中心に周りが動いていると思っている。

Es la dueña de una empresa grande y **se cree el ombligo del mundo**.

✴ 世間知らず、お人好し

◆ 世間知らずである、愚かである	chuparse el dedo
◆ 何も知らない	no saber nada
◆ 世間知らずの、お人好しの	inocentón/na

きみが嘘をついているのはわかっている。騙されるとでも思ってるのかい？

Ya sé que estás diciendo mentiras. ¿Crees que **me estoy chupando el dedo**?

※ "chuparse el dedo" は文字どおり「自分の指をしゃぶる」という意味で、直訳すると「私が指をしゃぶって見ているだけだとでも思っているのか？」となります。

彼らはまったくの世間知らずだ。

No saben nada de la vida ni del mundo.

エドゥアルドは頼まれたらいやとは言えないお人好しだ。

Eduardo es tan **inocentón** que no puede negar un favor al que se lo pide.

＊ お節介、好奇心

♦ 詮索好きな	curioso/a
♦ 好奇心	curiosidad
♦ お節介をやく	entrometerse en ...
♦ お節介な	entrometido/a; metiche

（あの人は）人一倍詮索好きで、みんなに迷惑をかけている。

Es más **curioso/a** que nadie y molesta a todo el mundo.

※ この例文での curioso/a はネガティブな意味で使われていますが、この語はポジティブな意味でも用いられます。

彼は好奇心を満たすためなら、人に迷惑をかけることも厭わない。

A él no le importa molestar a otras personas con tal de satisfacer su **curiosidad**.

彼女は好奇心が強すぎて、自身と関係のないことにもお節介をやきたがる。

Es tan **curiosa** que quiere **entrometerse en** lo que no le importa.

※ "entrometerse en ..." は「…に入り込む」という意味。

彼女は他人の会話に割り込むのを何とも思っていない。

No le importa **entrometerse en** la conversación de otras personas.

彼女はお節介だから、こっちへ来させちゃだめだ。

Es una **entrometida** y hay que pararle los pies.

きみはなんてお節介なんだ！

¡Qué **metiche** eres!

※ これはメキシコで頻繁に用いられる表現です。

✳ 頼りにならない

◆頼りにならない	no ser fidedigno/a [fiable ; confiable]
◆…を信頼しない	no fiarse de ... ; no confiar(se) en ...

　※ p.121「頼りになる、健気、几帳面、正直」参照。

あの人は頼りにならない。

　No es **fiable** [**confiable**]. / Casi **no se** puede **fiar de** aquella persona.

彼の研究の資料はあてにならない。

　No son **fidedignas** las fuentes de su investigación.

レオナルドとの約束はあてにしちゃダメだ。

　No confíes en las promesas de Leonardo.

✳ 虚勢、空威張り

◆虚勢を張る、空威張りする	fanfarronear
◆虚勢、空威張り	fanfarronada ; bravuconada

彼は友だちの前で虚勢を張りたがる。

　Quiere **fanfarronear** ante sus amigos. /

　Le gusta echar **fanfarronadas** a sus amigos.

減らず口をたたく癖がある。

　Tiene la manía [el mal hábito] de decir **bravuconadas**.

✳ 怒りっぽい、短気、衝動的

◆怒りっぽい、短気な	enfadadizo/a ; enojón/na ; vivo/a ; irritable
◆乱暴な、荒々しい、激しい	violento/a ; impetuoso/a
◆攻撃的な	agresivo/a
◆かっとなる	ponerse furioso/a
◆衝動的な、直情径行な	impulsivo/a

　※ p.56「怒る、腹を立てる」参照。

彼女は怒りっぽいので、言葉には気をつけたほうがいいよ。

　Es **enojona** [**enfadadiza**]. Tienes que cuidarte de lo que le digas.

きみはなんて短気なんだ！

　¡Qué carácter tan **vivo** tienes!

（あの人は）すぐにかっとなる。

Tiene un carácter muy **irritable**. ／ Fácilmente **se pone furioso/a**.

気性が激しい。

Es **violento/a** [**impetuoso/a**].

攻撃的な人だ。

Es **agresivo/a**.

彼は直情径行な性格だ。

Es una persona **impulsiva**.

彼女はすぐに腹を立てる。

Ella se enoja fácilmente.

何でもないことに腹を立てる。

Se enfada por nada.

✳ 気むずかしい、めんどう、頑固、つむじ曲がり

◆気むずかしい、意地が悪い	tener mal genio ; ser de mal genio
◆つき合いにくい	difícil de tratar
◆うまくつき合えない	no comunicarse fácilmente con ...
◆やっかいな、うるさい	pesado/a ; problemático/a ; fastidioso/a ; latoso/a
◆めんどうな人、わずらわしい人	sangre pesada
◆頑固な、頭の固い	inflexible ; terco/a ; testarudo/a ; cabezudo/a ; cabezón/na
◆頑固、強情、執念	obstinación
◆つむじ曲がり	espíritu de contradicción

（あの人は）気むずかしい人だ。

Tiene mal genio. ／ **Es** un hombre [una mujer] **de mal genio**. ／

Es una persona **difícil de tratar**. ／

Es una persona **con** quien **no se** puede **comunicar fácilmente**.

めんどうな人だ。

Es **pesado/a**.

やっかいな客だ。

Es un/una cliente **problemático/a** [**fastidioso/a**].

しつこい人だ。

Es un hombre [una mujer] muy **fastidioso/a** [**latoso/a**].

だれもマルコスとはつき合いたくない。とてもわずらわしいので、みんなから嫌われている。

Nadie quiere ir con Marcos. Es de **sangre** muy **pesada** y a todos les disgusta.

ラウルは融通のきかない〔頑固な〕人だ。

Raúl es **inflexible** [**terco**; **testarudo**].

祖母は頑固な人なので素直に私の意見を聞こうとはしない。

Mi abuela es tan **cabezona** que no oye lo que digo con naturalidad.

きみはなんて頑固なんだ！

¡Qué **cabezudo/a** (eres)! / ¡Qué **obstinación**!

（あの人は）心のねじけた人だ。

Tiene **espíritu de contradicción**.

ひねくれ者だ〔天の邪鬼だ〕。

Hace lo contrario de lo que le dicen*.

> ※ 直訳は「いつも言われたことと反対のことをする」です。枠内にこの語はありませんが、文意から「ひねくれ者」であることがわかります。

＊ 性悪、悪意、腹黒

◆ 性格、人柄	carácter
◆ 悪い、意地悪な、悪意のある、性悪な	malo/a; maligno/a; malicioso/a
◆ 邪悪な、悪辣な	perverso/a; malvado/a
◆ 悪意、意地悪	mala uva; mala intención; mala baba
◆ …を悪く考える、邪推する	pensar mal de ...
◆ 腹黒	malas tripas
◆ 腹黒い	solapado/a; socarrón/na
◆ 何のためらいもなく	sin ningún escrúpulo

> ※ malo/a、maligno/a、malicioso/a、malvado/a、perverso/a について、「悪事をたくらむ、他人の不幸をなんとも思わない」という点では、程度の差こそあれ意味的には共通しています。ただあえて言えば、maligno/a は「性分からして悪事を望むような人」、malicioso/a は「悪いことがあれば他人のせいにする人」をさし、とりわけ malvado/a と perverso/a は「平気で他人に危害を加えたり、他人の不幸や悲しみを何とも思わないようなかなりの悪人」をさします。

いやなやつだ、あいつは。

¡Vaya un **carácter**!

※「Vaya（＋不定冠詞）＋名詞」で「なんて…だ」という意味。ここでは性格の悪さを表しています。

あれは悪いやつだ。

Es un hombre [una mujer] malo/a.

（あの人は）性悪な人だ。質が悪い。

Es maligno/a [malicioso/a].

邪悪な心を持った人だ。

Tiene un corazón **perverso [malvado]**.

性格が悪い。

Tiene **mala uva**.

※ 動詞 tener の代わりに estar を使うと、そのときの心情を表します。（例）Está de mala uva.　機嫌が悪い。

彼にはなんとなく悪意を感じる。

Siento que él tiene [abriga] **mala intención**.

※ abrigar は「（感情などを）抱く」という意味。

ラモン氏はとても人が悪いので、多くの顧客を失った。

Como don Ramón tiene muy **mala baba**, disminuyeron mucho los clientes.

彼女はいつも他人のことを悪く思っている。

Siempre **piensa mal de** las personas.

農園の労働者たちは、雇い主が腹黒い人だったので、ずいぶんつらい思いをしていた。

Los trabajadores de la hacienda sufrían mucho, porque el dueño era un hombre de **malas tripas**.

あの弁護士はとても腹黒い。

Aquel abogado es muy **solapado [socarrón]**.

アルフレードは何のためらいもなく人を利用する。

Alfredo se aprovecha de la gente **sin ningún escrúpulo**.

※ 直訳すると「罪悪感に苛まれることなく」となります。

❋ 生意気

◆ 無礼な、不作法な、生意気な	impertinente; insolente
◆ 生意気、無礼、不作法	impertinencia; insolencia

生意気な人だ。

Es impertinente [insolente].

彼は年輩の人に対して生意気な口をきく。

Habla con **impertinencia** [**insolencia**] a las personas mayores.

子供たちは親に対して生意気な口をきく。

Los niños hablan con tono **insolente** a sus padres.

彼らは思春期なので、そのせいか生意気だ。

Ellos están en la edad del pavo, así que se portan de manera **impertinente**.

✱ 抜け目がない、ずる賢い、口がうまい

◆ずる賢い	astuto/a
◆抜け目なく	con astucia
◆慧眼の、洞察力のある、抜け目のない	sagaz
◆言葉巧みである、口達者である	tener mucha labia
◆口達者な、口のうまい	labioso/a
◆抜け目がない、ずる賢い	tener el colmillo retorcido [los colmillos retorcidos]

（あの人は）ずる賢い。

Es **astuto/a**.

商売となると抜け目がない。

Calcula **con astucia** para negociar.

彼女は金融の世界では抜け目がない。

Es una mujer **sagaz** en el mundo de las finanzas.

> ※ sagaz には「抜け目のない」という意味と「慧眼な」という意味があり、この場合双方が考えられます。

彼は口がうまい。

Tiene mucha labia. / Es muy **labioso/a**.

> ※ これらの言い方は、特にメキシコ、ホンジュラス、コスタリカなどで用いられます。

彼らにはごまかしや不正な工作は通用しない。なぜなら、万事に抜け目がないからだ。

No sirven fingimientos ni manipulaciones con ellos, porque son **astutos** en todo.

彼は度重なる経験から老獪になり、もう詐欺師に引っかかることはないだろう。

Con sus experiencias, él **tiene los colmillos retorcidos** y no caerá en manos de estafadores.

> ※ "colmillo retorcido" は「曲がった牙」という意味で、「年齢や経験による老獪さ、抜け目のなさ」を象徴しています。

✳ けち、強欲

◆ 欲張りな、けちな	avaro/a; avaricioso/a; codicioso/a; tacaño/a
◆ 強欲	avaricia
◆ …は物欲しそうに見る	saltarse a … los ojos

あの人は欲張りだ。

Es **avaro/a** [**avaricioso/a**; **codicioso/a**].

あの老女は食事代、電気代など、何もかもけちる。

Aquella vieja es **tacaña** para todo: la comida, la electricidad, etc.

貪欲はキリスト教の教えでいう七つの大罪の一つだ。

La **avaricia** es uno de los siete pecados capitales según la enseñanza del cristianismo.

収集家は昔の金貨を前にして物欲しそうな顔をした。

Al coleccionista **se** le **saltaron los ojos** ante las antiguas monedas de oro.

あの子は人のものまで欲しがる。

Aquel niño quiere tener hasta lo que tienen otros.

　※ 枠内に用語はありませんが、文意は「欲の深さ」を表しています。

✳ 泣き言、愚痴

◆ …について不平をこぼす、愚痴る	quejarse de …
◆ 愚痴	queja
◆ 愚痴っぽい	quejilloso/a
◆ 愚痴っぽい人	jeremías
◆ ぶつぶつ愚痴をこぼす	refunfuñar entre dientes

彼は泣き言ばかり言う。

Siempre **se queja de** todo.

何か不満なの？ ——彼が私を無視するんだもの。

¿**De** qué **te quejas**? —**Me quejo de** que él no me hace caso.

（あの人は）口を開けば愚痴ばかりだ。

En cuanto abre la boca, le sale una cadena de **quejas**.

愚痴っぽい人だ。

Es un **quejilloso/a**. / Es un/una **jeremías**.

上司の愚痴をぶつぶつこぼす。

Refunfuña entre dientes de su jefe.

✴ 馴れ馴れしい

♦ …に対して馴れ馴れしくする	tratar familiarmente a ...
♦ 馴れ馴れしく、格式ばらずに	sin ceremonias

彼はだれに対しても馴れ馴れしい。

Trata familiarmente a quien quiera que sea.

リカルドは知らない人に対して馴れ馴れしくする。

Se porta **sin ceremonias** con quien no conoce.

✴ 頼りすぎる

♦ …を信頼しすぎる、頼りすぎる	confiar demasiado en ...; apoyarse totalmente en ...

初対面の人に頼りすぎるのはどうかと思うよ。

No parece prudente **confiar demasiado en** quien ves por primera vez.

> ※ ひとつ前の項目にある "tratar familiarmente a ..." や "sin ceremonias" は、表面的に「馴れ馴れしい態度で相手に接する」というニュアンスですが、"confiar demasiado en ..." のほうは「相手を過信する」という意味から、「一つ歯車が狂うと大変なことになりかねない」という意味合いが込められています。

クラウディアは夫に頼りすぎている。

Claudia **se apoya totalmente en** su esposo.

✴ 下品、がさつ

♦ 育ちの悪い、がさつな	grosero/a; mal educado/a; descortés
♦ 下品な、悪趣味な	vulgar; de mal gusto
♦ 粗野な、田舎風の	rústico/a; tosco/a

> ※ grosero/a, mal educado/a, descortés は「礼儀作法に外れているさま」を、vulgar, de mal gusto, rústico/a, tosco/a は「垢抜けていないさま」を表しますが、必ずしもこれを区別して使うわけではありません。このような言葉は相手を卑しめるようなときに発しますので、選択は話し手・書き手の主観によります。

（あの人は）がさつな〔不作法な〕人だ。

Es **grosero/a** [**mal educado/a**; **descortés**].

下品な人だ。

Es **vulgar**. / Es **de mal gusto**.

粗野な人だ。

Es **rústico/a** [**tosco/a**].

✳ せっかち、おっちょこちょい

♦ せっかちな、落ち着きのない	impaciente
♦ おっちょこちょいな人、そそっかしい人	cabeza de chorlito
♦ ぼんやりした、集中力に欠ける	distraído/a ; atolondrado/a

きみはなんて落ち着きがないんだ！

¡Qué **impaciente** eres!

ダビッドはおっちょこちょいだから仕事を任せないほうがいい。

Es mejor que no le confíes a David el trabajo porque tiene **cabeza de chorlito**.

あの若者は注意が足りず、ときどき間違いを犯す。

Aquel joven es **distraído/a** [**atolondrado/a**] y a veces comete equivocaciones.

✳ 根気がない

♦ 根気がない	no tener paciencia ; no ser perseverante

私の友人は何をするにも根気がない。

Mi amigo/a **no tiene paciencia** para nada.

私は勉強となると根気が続かない。

No soy perseverante en los estudios.

✳ 神経質

♦ …をぴりぴりさせる	poner a … los nervios de punta
♦ 神経質な、いらいらした	nervioso/a
♦ 神経質な、怖がりの	meticuloso/a

※ p.72「いら立つ、やきもきする」、p.65「緊張する、興奮する」参照。

ドリルの音は私の神経をぴりぴりさせる。

Me **pone los nervios de punta** el ruido del taladro.

（あの人は）神経質な人だ。

Es **nervioso/a**.

緊張している。

Está **nervioso/a**.

※ ひとつ前の文のように「その人の気質を表す」ときは ser 動詞を、一方「緊張して
いる、いらいらしている」など、その場の心情を表すときは estar 動詞を用います。

あらゆる面で神経質だ。

Es muy **meticuloso/a** en todo.

✻ 無表情、無口、冴えない表情、味気なさ

♦ 感情を出さない、表現に欠ける	expresar poco ; no expresar nada
♦ 無口な、無言の	callado/a
♦ 口数が少ない	hablar poco
♦ 活気のない	desanimado/a ; apagado/a
♦ ふさぎ込んだ、冴えない	triste
♦ 味気ない	insulso/a

（あの人は）無表情だ。

Su cara **expresa poco**. / **No expresa nada**.

無口な人だ。

Es un hombre [una mujer] **callado/a**. / **Habla** muy **poco**. / **No habla** casi nada.

冴えない顔だね。

Te ves **desanimado/a [apagado/a]**. /

Se te nota **triste** [**desanimado/a ; apagado/a**].

疫病のせいか、味気ない生活を送っていると思う人も中にはいる。

A causa de la epidemia algunas personas piensan que sus vidas son **insulsas**.

✻ 無愛想、とっつきにくい

♦ 素っ気ない、無愛想な	seco/a ; poco amable
♦ 無愛想な、冷淡な、冷たい	esquivo/a
♦ 近寄りがたい	inaccesible
♦ とっつきにくい	difícil de comunicarse

※ p.45「冷淡、よそよそしい、他人行儀」参照。

きみはなんて無愛想なんだ！

¡Qué **seco/a** eres! / Eres **poco amable**.

近ごろ彼は冷たいんだよな。

Últimamente se muestra **esquivo**.

（あの人は）とっつきにくい人だ。

Es **inaccesible**. / Es **difícil de comunicarse** con él/ella.

＊ 恥ずかしがり屋、内向的、気が小さい

◆恥ずかしがり屋の	vergonzoso/a
◆内向的な	introvertido/a
◆気の小さい、臆病な	tímido/a
◆おどおどした、怯えた	cohibido/a ; amedrantado/a

きみは恥ずかしがり屋だなあ。

¡Eres **vergonzoso/a**!

あの人は内向的なので、あまり地域の人たちの輪の中に入りたがらない。

Aquella persona es **introvertida** y no quiere alternar con otros residentes [participar en las actividades] de la comunidad.

彼は気が小さい。

Es **tímido** [**vergonzoso**].

彼女はおどおどしているようだ〔気後れしているようだ〕。

Parece (estar) **cohibida** [**amedrantada**].

＊ 気まぐれ

◆気まぐれな、移り気な	caprichoso/a ; voluble ; variable

あなたは気まぐれな人だ。

Es **caprichoso/a**.

移り気な若者だ。

Es un/una joven **voluble**. / Es un/una joven de carácter **variable**.

＊ 悲観的な

◆悲観的な、厭世的な	pesimista

私はついつい悲観的にものを考えてしまう。

Es propenso/a a pensar de manera **pesimista**.

彼はかなりのペシミストだ。

Es demasiado **pesimista**.

✻ 人間嫌い、女嫌い

◆ 人間嫌いの	misántropo/a ; misantrópico/a
◆ 女嫌いの	misógino/a

彼らは人間嫌いで有名だ。

　Tienen fama de ser **misántropos**.

彼女は人間嫌いだ。

　Es **misantrópica** [**misántropa**].

彼は女嫌いだ。

　Es **misógino**.

✻ 鈍感、空気を読めない

◆ 鈍感な	insensible ; poco sensible
◆ …を把握できない、理解できない	no saber captar ...
◆ …に適応できない	no saber adaptarse a ...

（あの人は）鈍感な人だ。

　Es **insensible**. ／ Es **poco sensible**.

空気を読めない人だ。

　No sabe captar el estado de las cosas. ／

　No sabe adaptarse a la situación [**al** ambiente].

2 癖・性向

【手ぬるさ・不注意・落ち度】

✳ 手ぬるい

♦ 手際が悪い	no (...) con destreza
♦ のっそりと	no (...) con prontitud
♦ 手ぬるい方法で	con medidas poco severas

※ pp.149「手際よくこなす、手腕をふるう」照。

彼は仕事の手際が悪い。

No sabe despachar su trabajo **con destreza**.

彼の仕事は手ぬるい。

No trabaja **con prontitud**.

こんな手ぬるい方法では問題は解決しない。

No se puede resolver el problema **con medidas** tan **poco severas** como estas.

✳ 見過ごす、しそこなう

♦ 見過ごす、忘れる	pasar por alto
♦ …に気づかない	no darse cuenta (de) ...; ignorar
♦ …を忘れる	olvidarse (de) ...
♦ （話の）筋道を失う、話がわからなくなる	perder el hilo

彼は何度も些細なミスを見過ごし、みんなに迷惑をかけた。

Pasando por alto los errores menores con frecuencia [frecuentemente], causó problemas [daños; trastornos] a todos.

彼女はミスをいくつか見過ごしてしまう傾向がある。

Tiende a **pasar por alto** algunos errores.

※ "pasar por alto" には「見過ごす」という意味のほかに「黙認する、大目に見る」
という意味もあります。（例）Se inclinan a pasar por alto las cosas. 彼らは物事を
大目に見る傾向にある。

私は免許証を家に忘れてきたことに気づかなかった。

No me di cuenta de que había dejado el carnet de conducir en casa.

彼は身体の症状に気づかず、重い病気にかかった。

Ignoró los síntomas del cuerpo y se enfermó gravemente.

疲れていると、時どき鍵をかけるのを忘れてしまう。

Por estar cansado/a a veces **se** me **olvida** cerrar la puerta con llave.

あなたのお話の途中を聞き逃してしまいました。

En la mitad **he perdido el hilo** de su discurso.

✳ ざっと、おおよそ

◆（一応）…に目を通す	pasar una [la] vista por …
◆…にざっと目を通す	echar una ojeada a …
◆おおよその	adecuado/a
◆適度な、程よい	moderado/a

ざっとこの資料に目を通しておいてください。

Pase una vista por este documento.

私は朝食の前に新聞にざっと目を通す。

Antes de desayunar **echo una ojeada a**l periódico.

私はおおよその予算と適度の計画で旅に出ることにした。

Decidí viajar con un presupuesto **adecuado** y un plan **moderado**.

✳ いい加減

◆いい加減な、ずさんな	chapucero/a ; desaliñado/a

あの新入社員のいい加減な仕事ぶりには私たちの忍耐も限界に達した。

Ha colmado la medida de nuestra tolerancia el trabajo **chapucero** de ese empleado principiante.

> ※ "colmar(se) la medida" は「限界に達する、我慢できなくなる」という意味。直訳
> すると「あの新入社員のいい加減な仕事ぶりは、私たちの忍耐の範囲（限度）を満
> たした」となります。なお、chapucero/a には「嘘つきの」という意味もあります。

ダニエルはいい加減な人だ。

Daniel es un hombre **desaliñado**.

✳ 支離滅裂、でたらめ

◆支離滅裂である、でたらめである	no tener (ni) pies ni cabeza

◆支離滅裂、でたらめ	disparate
◆脈絡なく、矛盾して	incoherentemente

秘書が書いたこのメッセージはまったく支離滅裂だ。内容がまったくわからない。

Este recado que escribió la secretaria **no tiene ni pies ni cabeza** y no se le entiende nada.

※ le は間接目的語で、recado（メッセージ）をさします。

あの人の説明は支離滅裂だ。

Su explicación es un **disparate**.

彼は脈絡のない意見を述べた。

Expuso sus opiniones **incoherentemente**.

✳ 物事をややこしくする

◆物事をややこしくする	buscar tres pies al gato
◆もつれさせる、複雑にする	embrollar；complicar
◆複雑な、ややこしい	complicado/a

そうした問題は上司に相談すれば解決できるだろう。わざわざ事をややこしくすることもなかろう。

Las dificultades podrán resolverse consultando con el jefe. No tienes que **buscarle tres pies al gato**.

※ buscarle の le は gato（猫）をさします。猫などの動物は足が４本なのに、わざわざ３本足の猫を求めるということですから、「物事をややこしくするだけ」ということになります。

（あの人は）いつだってわけもなく物事をややこしくする。

Siempre **embrolla** [**complica**] las cosas sin ningún motivo]. /
Siempre hacen cosas **complicadas** sin razón.

✳ へまをする

◆へまをする、うまくいかない	no dar pie con bola
◆どじを踏む	meter la pata
◆（間違いなどを）犯す	cometer

私はスーパーマーケットでアルバイトをしていたとき、よくへまをしたものだ。

Cuando yo trabajaba en el supermercado por horas, **no daba pie con bola**.

※ "no dar pie con bola" は「ボールを蹴ろうとする足がうまくボールに当たらない」ということで、「へまをする」という意味になります。

今日は何もかもついていない。へまばかりしている。

Hoy todo me sale mal. **No doy pie con bola.**

その話題について受付係と話すべきではなかった。私は迂闊だった。

No debería de haber hablado sobre ese asunto con la recepcionista. **Metí la pata.**

どうしよう？ 宛先を間違えて荷物を送るとは、とんだへまをしたもんだ。

¿Qué haré? **Metí la pata** mandando el paquete a una dirección equivocada.

私はスペイン語の辞書の代わりに英語辞典を持ってくるというどじを踏んだ。

Cometí un error trayendo el diccionario de inglés en lugar del de español.

私は注意を怠り、へまばかりしていた。

Me descuidaba y **cometía** varios desaciertos.

✳ 間違える、とり違える

♦ 間違える	equivocar
♦ …を間違える	equivocarse (de) ...
♦ 〜を…と見なす、〜を…ととり違える	tomar ... por ...
♦ …の代わりに	en lugar de ...
♦ 混同する、とり違える	confundir
♦ 誤解する	interpretar mal ...
♦ 違う意味に受けとる	entender de manera diferente

私の名前が他人の名前と間違えられた。

Equivocaron* mi nombre con el de otra persona.

日付を間違えないように。

No **te equivoques de** fecha.

この薬を別の薬と間違えた。

Me equivoqué tomando esta medicina **por** otra.

サンプル A をサンプル B と間違えた（サンプル A をサンプル B だと思った）。

Tomé la muestra A **por** la B.

食用きのこと間違えて毒きのこをとらないように。

No cojas un hongo venenoso **en lugar de** uno comestible.

二人があまりにもよく似ているので、間違えそうだ。

Como se parecen demasiado los dos, es probable **confundir**los.

※ 話題の二人がいずれも女性であれば confundirlas となります。

私の友だちと間違えて背後から声をかけた。

　Le llamé por detrás porque le **tomé por** mi amigo.

この文章の意味をとり違えた（誤解した）。

　Interpreté mal el sentido de estas frases.

このパラグラフを違う意味に受けとった。

　Entendí de manera diferente esta oración.

＊ **落ち度、手抜かり**

♦ 間違い、落ち度	error；falta
♦ 手抜かり、不注意、油断	negligencia；descuido
♦ 不注意な、無頓着な	negligente；descuidado/a

これは私の落ち度ではない。

　Yo no cometí ese **error** [esa **falta**].

手抜かりのないようにしてください。

　¡Tenga cuidado para no cometer **errores**! ／ ¡Que no haya ningún **descuido**!

私たちの不行届きをお赦しください。

　Sentimos haber obrado con **negligencia** [**descuido**] en el servicio. ／ Discúlpenos haber sido **negligentes** [**descuidados**] en cumplir nuestras obligaciones.

＊ **いやいや、口先だけの**

♦ いやいや、しぶしぶ	a regaña dientes [a regañadientes]; de mala gana；con disgusto；sin ganas
♦ 口先だけの	de dientes (para) afuera；de boca；de boquilla

どんな仕事もいやいやするよりは喜んでするほうがいい。

　Es mejor hacer cualquier trabajo con gusto que **a regaña dientes**.

彼らはお金を稼ぐだけが目的で、いやいや働いている。

　Ellos trabajan **de mala gana** solo para ganar dinero.

いやいや人に会うのはよくない。

　No es bueno ver a alguien **con disgusto**.

彼女は特売会で手伝うと約束したものの本心から出た言葉ではなかった。

　Se comprometió a ayudar en el bazar, pero **sin ganas**.

私の家にいれば？　これは口先だけじゃなくて本心だからね。

¿Por qué no te quedas en mi casa? Te la ofrezco sinceramente, no **de dientes afuera**.

パコはすれちがう女の子たちにお世辞を言うけれど、口先だけのものだ。

Paco echa piropos a las chicas con quien se cruza, pero **de boca** [**de boquilla**].

> ※ 女性にお世辞を言うには、galantear, cortejar, requebrar（口説く、言い寄る、ほめそやす）のような動詞を使って表現することもできますが、これらはむしろ文語文に多く見られます。

✴ 口をすべらす

◆ 口をすべらす、口が軽い、不用意な言葉を吐く	irse de la lengua; soltar la lengua
◆ 何でもしゃべる	decir todo

会議では発言に気をつけたほうがいい。口をすべらせては事だからね。

Ten cuidado con lo que dices en la junta y no dejes **irte de la lengua**.

秘密の計画をもらさないよう口止めされていたにもかかわらず、誰かがうっかり口をすべらせてしまった。

A pesar de que nos forzaron* a no revelar el plan secreto, uno de nosotros **soltó la lengua**.

きみは秘密を守れない。すぐになんでもしゃべってしまうんだから。

No sabes guardar un secreto. En seguida **dices todo**.

✴ 口をつぐむ、余計なことは言わない

◆ 口をつぐむ、何もしゃべらない	cerrar la boca [el pico]; no decir nada; coserse la boca
◆ 余計なことは言わない	boca cerrada; echar un candado en la boca; amarrarse la lengua; no hablar innecesariamente
◆ …に口止めする、…を黙らせる	atar a ... la lengua; tapar la boca; hacer callar

それじゃ他の人が話せないだろう。いい加減に口をつぐんだらどうだ！

Tú no dejas hablar a otras personas. ¡Ya **cierra la boca** [**el pico**]!

何を聞かれても余計なことは言うな。

Pregunten* lo que pregunten*, **no digas nada**.

※ 接続法をくり返す譲歩文では、「どんなに…でも、…であってもなくても」とい
　う意味になります。

この問題は伏せておいたほうがいい。余計なことは言わないことだ。

　Este asunto no debe de saberse. Hay que **coserse la boca**.

私たちがあの代議士といっしょのときは、きみはしゃべらないように。

　Cuando estemos con aquel diputado, tú, **boca cerrada**.

　※ "boca cerrada"（閉じた口）には動詞はなく、これは名詞を用いた命令の形です。

友人を傷つけないよう余計なことは言わないように。

　Echa un candado en la boca para no lastimar a tus amigos.

工場としては新製品が外部にもれないようにすべきで、そのため全従業員は守秘す
べきだ。

　La fábrica debe guardar el secreto de su nuevo producto, por eso todos los traba-

　jadores tienen que **amarrarse la lengua**.

会議では余計なことは言わないように。

　No hables innecesariamente en la reunión.

彼を黙らせてくれ。さもないと他の雑誌にスクープを持っていかれちまうよ。

　Átale la lengua, o la exclusiva del reportaje la conseguirá otra revista.

彼が口を開くと、黙らせたくなってしまう。

　Cuando habla él, quisiera **tapar**le **la boca**.

私はあの人の秘密を暴きたかったが、まわりから口止めされた。

　Quería revelar su secreto, pero me **hicieron* callar**.

【改　心】

✳ 反省する、改心する

♦ 正す、改める	corregir
♦ 反省する、自省する	reflexionar

　※ p.106「後悔する／後悔しない」参照。

自分の欠点を改め最初から出直すつもりだ。

　Corrigiendo mis defectos comenzaré de nuevo.

彼を改心させるのは至難の業だ。

　Es extremadamente difícil hacerle **reflexionar**.

✳ 慎重に

◆ 慎重に、思慮深く	prudentemente
◆ 用心深く	cautelosamente
◆ 慎重を期する	ir [andar] con pies de plomo
◆ 慎重になる、用心深くなる	salir a ... la muela del juicio

私は状況に合わせて慎重に処置するつもりだ。

Trato de portarme **prudentemente** de acuerdo con la situación.

私はいつも気をつけながらこの急な階段を登る。

Yo siempre subo **cautelosamente** por esta escalera empinada.

※ この文の副詞 cautelosamente と前文の副詞 prudentemente では、日本語訳で
はほぼ同じであっても、prudentemente は「思慮をめぐらせ、分別して物事に
対処する」のに対し、cautelosamente は「何らかの危険をはらんだ状況を前に
用心しながら行動する」ということで、使い方が少し違います。

自分の将来は慎重に決めたい。

Para decidir mi futuro quiero **ir con pies de plomo**.

私の甥は以前のようにやたらと無茶をしなくなった。どうやら慎重になったようだ。

Mi sobrino ya no hace tantas travesuras como antes. Le **ha salido la muela del juicio**.

※ "Le ha salido la muela del juicio" を直訳すると「彼に判断力の歯が生えた」とな
ります。

3 感情・行動

【心がまえ・行動】

＊ 思いつく

◆ …に〜が思い浮かぶ	ocurrirse a …
◆ 思いつく、ひらめく	venir a la mente
◆ 着想を与える、ひらめかせる	inspirar
◆ …に思いつく	pasar a … por la cabeza
◆（突然）生じる、現れる	surgir
◆ 自発的に	espontáneamente
◆ 自発的な、任意の	espontáneo/a

よい考えが思い浮かんだ。

　Se me **ocurrió** una buena idea. (= Tengo una idea muy buena.)

思いをめぐらせているとイメージがはっきりと浮かんだ。

　Me **vino a la mente** una imagen clara mientras estaba meditando.

何も思いつかない。

　No **se** me **ocurre** ninguna idea. ／ Nada me **inspira**.

彼はパーティーには必ず顔を出した。招待を断るという考えは思い浮かばないのだ。

　Nunca se perdía una fiesta y ni le **pasaba por la cabeza** rechazar una invitación.

　※ "pasar a … por la cabeza" は一般的に否定文で用いられます。

急用を思い出したので失礼します。

　Como **ha surgido** un asunto urgente, tengo que marcharme.

友人に思いついたまま手紙を書いた。

　Escribí **espontáneamente** una carta a mi amigo.

私は自発的に植林活動に参加した。

　Participé de manera **espontánea** en la actividad de forestación.

＊ 試す、試みる、確認する

◆ 試す、試みる	tratar de …; probar
◆ 明らかにする、証明する、示す	evidenciar; comprobar; poner de manifiesto; demostrar

体力の限界を試してみたい。

Quiero **tratar de** ver el límite de mi fuerza física.

かの有名な昆虫学者は、その昆虫が新種であることを明らかにしようとしている。

El famoso entomólogo piensa **probar** que ese insecto pertenece a una nueva especie.

この薬が深刻な副作用をともなうことがないかどうかを明確にしよう。

Vamos a **evidenciar** si esta medicina causa efectos secundarios graves o no.

何人かの研究者たちの立てた仮説が本当かどうか確認すべきだ。

Debemos de **comprobar** la veracidad de la hipótesis que han hecho algunos investigadores.

弁護士は真実を明らかにしようとしている。

El abogado intenta **poner de manifiesto** la verdad.

新人たちに勇気を示してもらう必要がある。

Necesitamos que los principiantes **demuestren** su valor.

✳ **価値がある〔ない〕、やりがいがある〔ない〕**

◆…する価値がある	valer la pena …; merecer la pena …
◆満足感、やりがい	gratificación
◆満足感を与える、やりがいのある	gratificante
◆価値	valor
◆価値のある	valioso/a
◆値打ち、価値	mérito
◆気力、熱意、意気	entusiasmo; ánimo

それをする価値はある。

Vale la pena hacer eso.

これはやりがいのある仕事だ。

Es una obra que **vale la pena**.

その美術館を訪れる価値はない。

No merece la pena visitar ese museo.

私は教えることにやりがいを感じる。

Siento **gratificación** en enseñar.

物事をうまく成し遂げたときに褒めてもらえると張り合いが出る。

Es **gratificante** que me elogien* cuando hago algo bien.

芸術の価値に気づくことによって、私たちの感受性はさらに研ぎ澄まされるだろう。

Se agudizará más nuestra sensibilidad apreciando el **valor** del arte.

会議では各自が価値のある案を提言した。

En la reunión cada uno ha expresado una idea **valiosa**.

この研究にさほどやりがいを感じない。

Me **estimula poco** esta investigación. ／ Me **desalienta** hacer esta investigación.

この仕事にまったく価値が見出せない。

No veo nada de **mérito** en este trabajo.

私は生きる張り合いを感じられない。

He perdido el **entusiasmo** [**ánimo**] de vivir.

✳ 夢中になる、集中する

♦ …を夢中にさせる、虜にする	quitar a … el seso ; tener sorbido el seso a … ; apasionar
♦ …に夢中になる	apasionarse por …
♦ 夢中になった	entusiasmado/a
♦ 情熱	pasión
♦ …に集中する	concentrarse en …

映画監督になるという考えが彼の頭から離れない。まるで映画に夢中なんだから。

Se ha obsesionado con ser director de cine. Las películas le **quitan el seso**.

彼女は車の運転を覚えてからというもの、夢中になっている。

Desde que aprendió a conducir, los coches le **tienen sorbido el seso**.

カルメンはラテン音楽に夢中だ。

A Carmen le **apasiona** la música latina. ／

Carmen **se apasiona por** la música latina.

私はピアノを弾くことに夢中だ。

Tocar el piano me tiene completamente **entusiasmado/a**. ／

Tocar el piano es mi **pasión**.

私は農業を勉強すること以外は眼中にない。

Me concentro solo **en** estudiar agricultura.

✳ 全力を尽くす、心血を注ぐ、骨を折る

♦ 奮闘する、力を尽くす	laborar

◆ …に全力を尽くす、心血を注ぐ	dedicarse con ahínco a …
◆ …のための努力を惜しまない	no escatimar esfuerzos para …
◆ 本気で、身も心も、ことごとく	en cuerpo y alma
◆ …に身を捧げる	consagrarse a …
◆ …に心を込める	poner el alma en …
◆ 気持ちを込めて	con el corazón en la mano
◆ 骨を折る、大変な努力をする	echar los hígados; dejarse las uñas
◆ …に心を砕く、躍起になる	partirse el pecho por …
◆ 額に汗して	con el sudor de *su* frente
◆ 必死に、全力を尽くして	a brazo partido

彼らは布教活動に全力を尽くしてきた。

Han laborado por diseminar su religión.

研究者たちは新薬の開発に日夜心血を注いだ。

Los investigadores **se dedicaron con ahínco a** elaborar un medicamento nuevo.

　※ "dedicarse a …" は「…に専念する」、"con ahínco" は「熱心に」という意味。

社員たちは会社の危機を救うための努力を惜しまなかった。

Los empleados **no escatimaron esfuerzos para** salvar su compañía.

生徒は奨学金を得るために本気で勉学に打ち込んだ。

El alumno se entregó a sus estudios **en cuerpo y alma** para obtener la beca.

彼は諸外国との取引に身を捧げた。

Se consagró al comercio con los países extranjeros.

その若者はいずれ有名な画家になるだろう。なぜならいつも心を込めて絵を描いているからだ。

Ese joven será un famoso pintor, puesto que siempre **pone el alma en** cada cuadro que pinta.

恨みがすべて消えるように今回は気持ちを込めて彼女に話をした。

Para borrar todos los rencores, esta vez le hablé **con el corazón en la mano**.

建設業者は橋を完成させるのに骨を折った。

El constructor **echó los hígados** para terminar el puente.

私の弟は生活費を稼ぐのに一生懸命ブドウ園で働いた。

Mi hermano **se dejó las uñas** en la viña para ganar el sustento.

ボランティアたちは大災害の犠牲者たちを救済しようと心を砕く。

Los voluntarios **se parten el pecho por** socorrer a las víctimas del desastre.

彼が望んでいたポストについていられるのも、額に汗して働いた賜物だ。

Ahora está en el puesto que anhelaba, porque se lo ha ganado **con el sudor de su frente**.

フェリペは子供のころから医者になりたかった。必死で努力した結果、道が開け医師の免許を手に入れた。

Felipe quería ser médico desde niño y se abrió camino **a brazo partido** hasta que obtuvo su licencia.

＊ 手際よくこなす、手腕をふるう

◆手際よく	hábilmente ; con destreza
◆手際よく仕事をする	menear las muñecas
◆能力、才能、適性	capacidad
◆能力がある、手腕を振るう	tener muñeca

※ p.137「手ぬるい」参照。

クララは友だちを招いたときには、とりわけ手際よく料理を作る。

Clara cocina **hábilmente** [**con destreza**], sobre todo cuando invita a sus amigas.

ソーイングスタッフはファッションショーの衣裳を間に合わせようと手際よく仕事をしている。

Las costureras están **meneando las muñecas** para terminar a tiempo los vestidos del desfile de modas.

※ "menear las muñecas" は文字どおり「両手首を動かす」という意味です。

マヌエルには科学技術の革新に貢献する能力が充分にある。

Manuel tiene mucha **capacidad** para contribuir a la innovación tecnológica.

ルカスは外国でうまくやっていけるだろう。なぜなら、それなりの能力があるからだ。

A Lucas le irá bien en el extranjero, pues **tiene muñeca**.

※ "tener muñeca" は「腕がある、腕がいい」という意味ですが、この表現は特にアルゼンチン、ボリビア、ペルー、ウルグアイなどで用いられます。

＊ 危険を冒す、窮地に立たされる

◆…を危険にさらす	poner en peligro ...
◆危険を冒す	correr (el) peligro
◆窮地に陥って、苦境に立たされて	con la soga al cuello

◆ …を苦境に立たせる	poner ... en una situación difícil
◆ …で首がまわらない	estar ... hasta el cuello
◆ いっぱいいっぱいだ	ahogado de ...

そんなことをしたら危険に身をさらすようなものだ。

Hacer tal cosa es lo mismo que **poner** tu vida **en peligro**.

私たちは危険を冒してまであの国を旅する必要があるのだろうか？

¿Necesitamos **correr el peligro** de viajar por aquel país?

彼は住宅ローンが払えず窮地に陥っている。

Está **con la soga al cuello** por no poder pagar el crédito de la casa.

> ※ "con la soga al cuello" は「首に縄をかけられて」という意味ですが、日本語では「首がまわらない、やりくりがつかない」にあたります。

不況により何社かは苦境に立たされている。

La depresión económica **pone en una situación difícil** a algunas empresas.

ロドリーゲス氏の工場が倒産し、今は借金で首が回らない。

La fábrica del señor Rodríguez quebró y ahora **está** endeudado **hasta el cuello**.

彼は仕事が忙しくていっぱいいっぱいだ。

Se ve [Está] **ahogado de** quehacer.

＊ 頭の中が真っ白になる

| ◆ 頭の中が真っ白になる、何も思い出せない、途方に暮れる | quedarse en blanco; tener [ponerse] la mente en blanco |
| ◆ 記憶からすべてが消える | borrarse todo de la memoria |

私は大切な書類を失くし、頭の中が真っ白になった。

Me quedé en blanco al perder unos documentos importantes.

あの衝撃的な出来事について聞かれても、何も思い出せない。頭の中が真っ白だ。

Aunque me preguntan* sobre aquel incidente espantoso, no me acuerdo de nada.

Tengo la mente en blanco.

スマートフォンが壊れたとき、私は途方に暮れた。

Se me **puso la mente en blanco** cuando se me estropeó mi teléfono inteligente.

私は緊張しすぎてどうしてよいかわからなかった。

Se me **ha borrado todo de la memoria** por estar demasiado nervioso.

❋ 骨が折れる、苦労する、知恵を絞る

◆むずかしい、困難な	duro/a ; pesado/a ; difícil
◆努力、骨折り	esfuerzo
◆…するのに骨が折れる、苦労する	costar trabajo ...
◆骨の折れる	penoso/a
◆知恵を絞る、頭をひねる	devanarse los sesos ; exprimirse el cerebro

これは骨の折れる仕事だ。

Este es un trabajo muy **duro** [**pesado**].

彼らを納得させるのに骨が折れる。

Es **difícil** convencerlos.

外の仕事と家の仕事を両立させるにはそれなりの労力が必要だ。

Se necesita un gran **esfuerzo** para compaginar el trabajo de afuera con el doméstico.

　　※ "el doméstico" の el は trabajo ［仕事］をさします。

両者を和解させるのはかなり骨の折れる仕事だ。

Cuesta mucho **trabajo** reconciliar a ambos.

彼らは苦心を重ねたすえ、おいしいリンゴを実らせることができた。

Después de **penosos** esfuerzos, pudieron obtener deliciosas manzanas.

皆で知恵を絞ったが、よいアイディアは何一つ浮かばなかった。

No se nos ocurrió ni una buena idea, a pesar de que **nos devanamos los sesos**.

私は知恵を絞り、いくつか懸案事項を解決することができた。

Exprimiéndome el cerebro, pude solucionar algunos asuntos pendientes.

❋ 慌ただしい、忙しい、急ぐ

◆忙しい、多忙な	atareado/a ; ocupado/a
◆とても忙しい	andar de cabeza
◆慌ただしい、性急な	apresurado/a
◆走る、急ぐ	correr
◆急ぐ	darse prisa

暮れが近づくにつれて毎日が慌ただしくなる。

A medida que se acerca el fin del año, voy pasando los días más **atareado/a**.

今はまさに繁忙期だ。

En este período estamos muy **ocupados** en el trabajo.

忙しすぎて目がまわりそうだ。

No me da tiempo para tomar un respiro porque estoy demasiado **atareado/a**.

私たちは祝賀会の準備でてんてこ舞いだ。

Andamos de cabeza preparando la celebración.

急いでいたので、友人とはゆっくり話ができなかった。

Como iba **apresurado/a**, no pude hablar mucho con mi amigo.

急げ！

¡Date prisa! / **¡A correr!**

　※「a ＋不定詞」で「命令」になります。（例）¡A dormir!　寝なさい！

＊ 肝に銘ずる、心に刻む

♦ 肝に銘ずる、心（胸）に刻む	grabar en *su* corazón ; grabar en la mente
♦ 刻み込まれた	grabado/a
♦ 忘れない	no olvidar

あなたに教えられたことは肝に銘じて忘れません。

Grabaré en mi corazón lo que me ha enseñado y **no** lo **olvidaré** jamás.

恩師の忠告は肝に銘じておくべきだ。

Debes de **grabar en la mente** los consejos de tu antiguo maestro.

大切な祖父の忠告はしっかりと心に刻み込んである。

Tengo bien **grabados** en el corazón los consejos importantes que me dio mi abuelo.

＊ 厳しい

♦ 心を鬼にする	cerrar el [*su*] corazón ; endurecer el [*su*] corazón
♦ 厳しい、厳格な	rígido/a ; severo/a ; estricto/a
♦ 厳しさ、無慈悲	rigor ; severidad
♦ 手厳しく	rigurosamente
♦ 厳しい、厳格な	rígido/a

借金の保証人になるよう嘆願する義兄に対し、私は心を鬼にして断った。

Cerré mi corazón al ruego de mi cuñado de que me hiciera fiador de su deuda.

生徒たちの将来のために心を鬼にして叱った。

Regañé a mis alumnos **endureciendo mi corazón** por el bien de su futuro.

母は心を鬼にして子供たちの躾^{しつけ}を厳しくした。

La madre adoptó una actitud **rígida** [**severa**] para educar bien a sus hijos.

あの人は厳しい人だけど、人のためを思ってのことだ。

Es muy **severo/a** [**estricto/a**], pero es considerado/a con otras personas.

　※ "ser considerado/a con ..." は「…に対して思いやりのある、理解のある」という意味。

宇宙飛行士たちは厳しい訓練を受ける。

Se entrena con **rigor** [con **severidad**] a los astronautas.

先生の教え方は子供たちに対して手厳しい。

El profesor enseña **rigurosamente** a sus alumnos.

この学生寮の規則はかなり厳しい。

Son muy **rígidas** las reglas de esta residencia para estudiantes.

＊ 自信がある／自信を失う／自信をとりもどす

♦ 自信、確信	confianza
♦ …を確信している	estar seguro/a de ...
♦ 自信を失う	perder la seguridad
♦ 自信をとりもどす	recobrar la seguridad
♦ …を信頼する	confiar en ...
♦ 疑う、懸念する	temer

　※ p.121「頼りになる、健気、几帳面、正直」参照。

私は体力には自信がある。

Tengo **confianza** en mi vigor físico [fuerza física].

彼は私に自信満々に答えた。

Me contestó lleno de **confianza**.

あの大学に合格する自信がない。

No estoy seguro/a de aprobar el examen de aquella universidad.

何度も失敗をくり返し、私は自信を失った。

Habiendo cometido errores muchas veces, **perdí la seguridad** en mí mismo/a.

私はなんとかして自信をとりもどしたい。

De cualquier manera quisiera **recobrar la seguridad** en mí mismo/a.

彼が案内役では心もとない。

No puedo **confiar en** él como guía.

ここにはベテランが一人もいないので心もとない。

Temo que no haya ningún experto aquí.

✳ 理性、冷静

◆ 理性的に	racionalmente ; con más racionalidad
◆ 冷静になる、落ち着きをとりもどす	recobrar la calma ; tener calma ; estar(se) tranquilo/a ; recuperar [recobrar] el aplomo
◆ 理性を失わない	no perder la serenidad [el aplomo]
◆ 平然としている	mostrarse tranquilo/a
◆ 冷静な	flemático
◆ 落ち着いて…を考える	tomar ... con calma
◆ 何事にも動じない	no perder la calma ; tener los nervios de acero

もっと理性的に話し合いましょう。

Vamos a hablar **racionalmente** [**con más racionalidad**].

冷静になってください。

Recobre la calma. / **Tenga calma**. / **Estese tranquilo/a**.

心配せず落ち着いてください。

Esté (Ud.) **tranquilo/a** sin preocuparse.

少し気持ちが落ち着いてきた。

Ya **he recobrado** un poco **el aplomo**.

彼らは何があっても冷静でいられる。

Ellos **se muestran tranquilos**, ocurra lo que ocurra.

何があっても理性を失ってはいけない。

Pase lo que pase **no** debemos **perder la serenidad** [**el aplomo**].

> ※ この "pase lo que pase" も、前の文の "ocurra lo que ocurra" も、直訳すると「何が起ころうとも（起こるかも知れないことが起こったとしても）」となります。

あの人はいつも冷静な判断を下す人だ。

Siempre toma sus decisiones con un **juicio flemático**.

落ち着いて物事を考えれば。

Toma las cosas **con calma**.

私の父はそんなことでは動じない。

Mi padre **no pierde la calma** por tal cosa.

彼は何事にも動じない。いかなる苦境に直面しようとも表情ひとつ変えずに立ち向

かう。

Él **tiene los nervios de acero**. Confronta cualquier dificultad por grande que sea sin cambiar el semblante.

✳ 一人前／半人前

♦ 一人前の、人並みの、申し分のない	con toda la barba
♦ …から独立する、自立する	independizarse de ...; valerse por sí mismo/a
♦ 半人前だ、未熟である	no saber quitarse los mocos
♦ 未熟な、経験のない	inexperto/a

私の甥はもう一人前だ。昨年以来、完全に自立している。

Mi sobrino ya es un hombre **con toda la barba**. **Se ha independizado** completamente desde el año pasado.

アレハンドロはようやく自活できるようになった。

Por fin Alejandro ya puede **valerse por sí mismo**.

きみはまだまだ未熟者だっていうのに、家を出て一人暮らしをする気かい？

¿Cómo vas a salirte de casa y vivir solo si todavía **no sabes quitarte los mocos**?

　※ "no saber quitarse los mocos" は、直訳すると「自分で洟を拭けない、かめない」という意味。

きみはまだ未熟なんだから、機が熟するのを待ってからその計画を実現すべきだ。

Siendo todavía **inexperto/a**, debes esperar más tiempo para realizar ese proyecto.

✳ 当番、番

♦ …の番だ	tocar a ...
♦ 当番の	en turno
♦ 順番、番	turno

今日の掃除当番はだれですか？　──私です。

¿**A quién toca** el turno de limpieza? —A mí. (= **A** mí me **toca**; Me **toca a** mí.)

だれがゴミを出すことになっているのですか？

¿**A** quién **toca** sacar la basura?

まだ私の番がまわってきませんか？

¿Todavía no me **toca a** mí?

次はだれの番ですか？ ——私の番です。

¿Quién es el próximo **en turno**? —Soy yo.

私の番はいつになりますか？

¿Cuándo será mi **turno**?

順番を間違えちゃった。

Me equivoqué de **turno**.

✳ 適切／不適切

♦ 適切な、ふさわしい、適した	adecuado/a ; propicio/a ; idónea ; apropiado/a
♦ 適合する	encajar
♦ …に適している、ぴったりだ	estar [venir] que ni pintado/a
♦ 論外だ、とんでもない	ni hablar

これは子供の教育にふさわしい映画だ。

Esta película es **adecuada** para la educación de los niños.

彼女が主役としてデビューするにはぴったりの役だ。

Es el papel **propicio** para que ella debute como protagonista.

彼の性格からして弁護士の仕事がふさわしい。

Por su carácter la profesión de abogado es **idónea** para él.

これは適切な解決方法だ。

Esta es la solución **adecuada** [**apropiada**].

この絵は応接間にぴったり合う。

Este cuadro **encaja** muy bien en la sala de visitas.

あの人はグループのリーダーに適している。

El liderazgo del grupo le **está** [**viene**] **que ni pintado** a él.

それは論外だ。

Ni hablar del asunto.

✳ 都合がよい／都合が悪い

♦ 望ましい	convenir
♦ 都合がよい〔悪い〕	venir bien [mal]
♦ 好都合な	favorable ; oportuno/a

今日は都合がよい。

Hoy me **conviene**. / Hoy me **viene bien**. / Hoy me es **favorable**.

明日は都合が悪い。

　Mañana **no** me **conviene**. ／ Mañana **no** me **viene bien**.

都合のよいときに連絡をください。

　Cuando le **convenga**, llámeme [comuníquese conmigo], por favor.

　　※ "comunicarse con ..." は「…と連絡をとる」という意味。

そのような条件は私にとって好都合とは言えない。

　Para mí **no** son **favorables** esas condiciones.

彼からの仕事のオファーは私にとっておあつらえ向きだ。

　Su ofrecimiento de ese trabajo me es **oportuno**.

もしご都合が悪ければ出発を一週間延期しましょうか？

　Si **no** les es **oportuno** [**favorable**], ¿pospondremos [aplazaremos] nuestra salida una semana?

✳ 慣れる、馴染む／馴染まない

◆ …に慣れる	habituarse a ...
◆ 慣れ親しんだ、馴染みの	familiarizado/a
◆ …が習慣になっている	estar acostumbrado/a a ...
◆ …に順応する、適応する	adaptarse a ...; aclimatarse a ...
◆ うまくいく、馴染む	quedar bien
◆ うまくいかない、馴染まない	no quedar bien; quedar mal

自分が住む土地の生活風習に馴染むことが大切だ。

　Es importante **habituarse a** las costumbres del lugar donde vive uno/a.

　　※ uno/a（人は）は、自分を含めた意味で一般的な言い方をするときに用います。

ここは馴染みの店だ。

　Esta es la tienda con la que estoy **familiarizado/a**. ／

　Esta es la tienda a la que **estoy acostumbrado/a a** venir.

彼らは旅慣れている。

　Están acostumbrados a viajar.

目が徐々に暗闇になれてきた。

　Poco a poco mis ojos **están acostumbrándose a** la oscuridad.

新しい学校に慣れるには少し時間がかかる。

　Se tarda [Se toma] un poco de tiempo para **adaptarse a** una nueva escuela.

彼はすぐに新しい環境に馴染んだ。

Pronto **se aclimató [se adaptó] al** nuevo ambiente.

この靴は足に馴染まない。

No me **quedan bien** estos zapatos. (= Me quedan mal estos zapatos.)

私はとても緊張していたので、プレゼンテーションがうまく行かなかった。

Estuve tan nervioso/a que **no quedé bien** en mi presentación.

✳ 何もしない、手をこまぬく

◆手をこまぬく、何もしない	quedarse [ver] con los brazos cruzados [las manos cruzadas]; no ejecutar ...; no llevar ... a la práctica
◆何もせずに	sin hacer nada

アナが病気がちな母のめんどうを見ているあいだ、夫はずっと手をこまぬいていた。

Todo el tiempo que Ana cuidaba a su madre enfermiza, su esposo **se quedaba [se quedó] con los brazos cruzados**.

> ※ "con los brazos cruzados"、"con las manos cruzadas" は、文字どおり「腕組みをする」、つまり「何もせず傍観する」という意味です。

彼には自分の考えを実行に移そうなんて気はさらさらなかった。

Ni siquiera pensaba **ejecutar** su idea [**llevar** su idea **a la práctica**].

> ※ "ni siquiera ..." は「…さえも～ない」という意味。

何もしなければ物事は解決しない。

Sin hacer nada no se resuelven las cosas.

✳ 怠惰

◆怠惰、ものぐさ	pereza
◆怠惰な、不精な、のらくらな	perezoso/a; holgazán/na; haragán/na
◆怠慢ゆえに、やる気がなくて	por desidia

近頃、なぜかわからないが、やる気が出ない。

Últimamente me da **pereza** sin saber el porqué.

料理を作るのが億劫だ。

Soy **perezoso/a** para cocinar.

彼は怠け者で働きたがらない。

Es **holgazán** [**haragán**] y no quiere trabajar.

※ perezoso/a, holgazán/na, haragán/na は「怠惰な、不精な、ものぐさな」といった
意味ですが、スペイン語は少しニュアンスが異なります。perezoso/a は「何か
をするのに面倒くさがったり、億劫がったりするさま」を表し、気乗りがしな
くても一応行動は起こします。しかし、holgazán/na,　haragán/na は「働く気が
さらさらない、働きたくないさま」をさします。

私は物事を始めてもやる気がなく最後まで続かない。

Empiezo las cosas, pero no las termino **por desidia**.

＊ 目先のことしか考えない

◆目先のことしか考えない	no ver más allá de *sus* narices; no pensar más que en lo inmediato; no pensar en el mañana
◆目の前のことだけに集中する	concentrarse solo en el presente

彼女にそれを言わないほうがいい。今は目先のことしか考えられず、聞き入れては
もらえないだろう。

Es mejor que no se lo digas en este momento. No te hará caso porque **no ve más allá de sus narices**.

学生のころは生活が大変で、目先のことしか考えられなかった。

De estudiante llevaba una vida apurada y **no** podía **pensar más que en lo inmediato**.

今のところ先のことは考えられない。（目先のことで精一杯だ）

De momento **no** puedo **pensar en el mañana**.

過去のことはもう考えたくない。目の前のことだけに集中したい。

Ya no quiero pensar en el pasado. **Solo** quiero **concentrarme en el presente**.

＊ 厭う

◆不愉快にさせる	desagradar
◆めんどう、やっかい	fastidio
◆わずらわしさ、不快	molestia

私は団体で行動するのがいやだ。

Me **desagrada** [No me gusta] actuar en grupo.

何度も同じ計算をするなんてうんざりだ。

Es un **fastidio** calcular muchas veces la misma suma.

私は雑踏の中でちょっとした不快感を覚えた。

Experimenté una ligera **molestia** en la aglomeración.

【自己主張】

✳ 主張する、強調する、提案する、示唆する

♦ …を主張する	insistir (en) ...
♦ …を強調する	poner énfasis en ...; enfatizar; recalcar; hacer hincapié en ...
♦ …を変えない	no alterar ...
♦ …の姿勢・態度をとり続ける	mantenerse ...
♦ 誓う	jurar
♦ 私が言いたいのは…	lo que quiero decir ...
♦ 示唆する、勧める	sugerir
♦ 提案する	proponer

はっきり言いますが、ワクチンは必要です。

Insisto en que son indispensables las vacunas.

彼は主張が強すぎる。

Insiste demasiado **en** lo que dice.

隅から隅まで調べ上げる必要があると言いたい。

Insisto en la necesidad de averiguar todo de cabo a rabo.

　※ "de cabo a rabo" は「初めから終わりまで、隅々まで」という意味。

Quiero **poner énfasis en** investigar todos los detalles.

少女は環境保護対策を力説した。

La muchacha **enfatizó** [**puso énfasis en**] algunas medidas para la protección del medio ambiente.

政府は道路の補修工事の重要性を強調した。

El gobierno **recalcó** [**hizo hincapié en**] la importancia de reparar los caminos.

彼は決して主張を曲げようとはしない。

Nunca altera su propia opinión. ／ Siempre **se mantiene** firme en su opinión.

誓ってもいいが、彼らに責任はない。

Juro que ellos no tienen la culpa.

私が言いたいのはすぐに行動を起こすことだ。

Lo que quiero decir es que hay que actuar en seguida.

私は、皆で海岸のゴミを拾い集めてはどうかと提案した。

Sugerí que recogiéramos la basura de la playa.

私は新たな貿易の計画を提案した。

Propuse un nuevo plan de intercambio comercial.

＊ 否定する、反論する、異議を唱える

◆ 否定する	negar; desmentir
◆ 反論する、異議を唱える、反駁(はんばく)する	objetar; refutar; impugnar

彼は窃盗グループとの関係をきっぱりと否定した。

Él **negó** rotundamente tener cualquier relación con el grupo de ratería.

首相はテレビで報道されたそのニュースを否定した。

El primer ministro **desmintió** esa noticia que se había dado en la televisión.

私は不公平だという理由で彼の提案に反論した。

Objeté que su propuesta era parcial.

私たちは裁判官の判決に異議を唱えます。

Refutamos [**Impugnamos**] la sentencia del juez.

＊ 拒否する、断る、回避する

◆ …したくない	no querer ...
◆ 充分である	bastar
◆ 充分な	suficiente
◆ …に近寄らない	no acercarse a ...
◆ …に電話をしない	no llamar (por teléfono) a ...
◆ 拒否する、断る	rechazar; negar; no aceptar
◆ 回避する、避ける	eludir; evitar; esquivar

彼らと一緒に行くのはいやだ。

Yo **no quiero** ir con ellos.

もうたくさんだ。出て行ってくれ。

¡Ya **basta**! ¡Fuera de aquí!

冗談もほどほどにしてください。

¡**Basta** ya de bromas!

私に近寄らないで！

¡Que **no te** me **acerques**!

二度と電話しないでください。

¡**No** me **llame por teléfono** de nuevo! / ¡**No** vuelva a **llamar**me!

私たちの共同研究の申請が却下された。

Nos **han rechazado*** la solicitud de los estudios de colaboración.

書籍出版のための助成金を断られた。

Me **negaron*** la ayuda financiera para la publicación del libro.

われわれの申し出は受け入れられなかった。

No aceptaron* nuestra oferta.

彼らと個人的に（直接）接触するのは避けたい。

Quiero **eludir** el contacto personal [individual; directo] con ellos.

　※ eludir には「巧みにかわす」という意味も含まれます。

なにはともあれ目の前の危険を回避すべきだ。

Hay que **evitar** el peligro inmediato.

彼らとの揉めごとを避けるのは賢明な判断だ。

Es una decisión acertada **esquivar** el conflicto con ellos.

【願い・許可】

✳ お願いする

◆求める、依頼する	pedir; rogar
◆…してほしい	*Quiero* que …
◆…してもらえますか？ （…していただけますか？）	¿*Puede* [*Podría**] … ?; ¿*Quiere* … ?; ¿*Quiere* hacer**me** el favor de … ?; ¿*Tendría** la bondad [gentileza; amabilidad] de … ?; ¿*Sería** tan amable de … ?
◆必要とする	necesitar
◆お願いだから、後生だから	por amor de Dios
◆ありがたいと思う	agradecer

　※「現在形」の代わりに「過去未来形」（*）を用いると、より丁寧な言い方になります。この「お願いする」の項目と「許可・承諾を得る」の項目を分けて

ありますが、中にはどちらに属してもおかしくない例文もあります。

お願いがあるのですが。

¿Puedo [Podría] **pedir**le un favor?

ちょっとしたお願いがあるのですが。

Quisiera [Me gustaría] **pedir**le un pequeño favor.

私たちの雑誌への寄稿をお願いします。

Le **pido** que colabore (Ud.) en nuestra revista.

1か月以内に家を明け渡してください。

Le **ruego** que desaloje (Ud.) la casa dentro de un mes.

すぐに来てもらいたいのですが。

Quiero que venga inmediatamente [pronto].

明日までに書類を出してもらえますか？　——それはちょっと無理です。

¿**Podría** entregar el documento hasta mañana? —No será posible [No puedo].

一人にしてもらえませんか。

¿**Puede** dejarme solo/a? (= Déjeme solo/a.)

開店したばかりのスーパーまで乗せていってくれない？　——ああ、いいよ。

¿**Quieres** llevarme al nuevo supermercado? —Está bien.

よろしければ、少しつきあっていただけませんか？

Si no le molesta [importa], ¿no **podría** acompañarme un rato?

駅まで車で送っていただけませんか。

¿No **podría** llevarme en su coche hasta la estación?

　※ 上記の二文では、poder の「過去未来形」が使われているので「丁寧な言い方」になります。

ホテルまで同行していただけないでしょうか。

¿**Tendría** (Ud.) **la bondad de** acompañarme hasta el hotel?

私の代わりに病院に連絡してもらえますか？

¿Quiere **hacer**me **el favor de** comunicarse con el hospital en mi lugar?

清潔なタオルを一枚いただけませんか。

¿**Sería tan amable de** darme una toalla limpia?

　※ 上記の二文も含めて、bondad、favor、amable を使わずに poder や querer だけで表現することも可能です。（例）¿Puede [Quiere] acompañarme hasta el hotel [comunicarse con el hospital en mi lugar; darme una toalla limpia]?

今回はあなたの助言がどうしても必要です。

Por favor, esta vez **necesito** su consejo.

これを管理人に渡してほしいんだ。

Necesito que entregues esto al conserje.

お願いだから、そんなことしないで！

Por amor de Dios, ¡no hagas eso!

椅子を持ってきていただけると、ありがたいのですが。

Le **agradecería** mucho si trae una silla para mí.

皆さん、静かにしてください。

Por favor, que no hagan ruido. / ¿Pueden guardar silencio, por favor? /
¡Silencio, por favor!

> ※ 枠内に用語はありませんが、これらは相手に対して「お願いする」際に用いる
> 言い方です。

✳ 許可・承諾を得る

◆ 許可する	permitir ; dar (*su*) permiso
◆ 尋ねる、問う	preguntar
◆ …してもよろしいですか？	¿*Puedo* [*Podría**] ... ?; ¿Está bien si ... ?; ¿No hay problema si ... ? ; ¿No *le* molesta (que [si]) ... ? ¿No *le* importa [importaría*] (que [si]) ... ?
◆ …に同意する	dar el [*su*] consentimiento [permiso] a ...
◆ …に同意しない	no consentir en ...
◆ 申し出、申請、願い	petición

一つ言わせてください。

¿Me **permite** decirle una cosa?

> ※ これと同じような口調の表現が次の例です。（例）Déjeme decir una cosa. 一つ
> 言わせてください。しかし、次の言い方だと多少口調が強くなります。（例）Le
> digo una cosa. 言っておきますがね。

一つお伺いしたいのですが。

Quisiera **preguntar**le una cosa.

今電話で話せますか？ ——今はちょっとだめです。

¿Ahora **puedo** seguir hablando por teléfono con Ud.? —¡Ahora no!

その会合を欠席してもよろしいでしょうか。

¿**Podría** faltar a esa reunión?

あの有名な歌手の曲をかけてもいいですか？

¿**Está bien** si oímos la canción de aquel cantante famoso?

明日お訪ねしてもよろしいですか？

¿**No hay problema** si le visito mañana? /

¿**No le importaría** que le visitáramos mañana?

ここでタバコを吸っても構いませんか？

¿**No le molesta** que fume aquí? / ¿**No le molesta** si fumo aquí?

少し窓を開けても構いませんか？

¿**No le importa** que abra un poco la ventana? /

¿**No le importa** si abro un poco la ventana?

> ※ ここまでの例文は、日本語では「…してもよろしいですか？」と相手の承諾を
>   求めていますが、考えようによっては、前項の「お願いする」という感覚でと
>   らえることも可能です。

上司の承諾を得ないと、この企画を前に進められません。

Si no me **da el consentimiento** [**permiso**] el jefe, no podemos desarrollar este programa.

父は海外留学を承諾してくれた。

Mi padre me **dio su consentimiento** de estudiar en el extranjero.

両親の外泊許可が下りない。

Mis padres **no consienten en** que pase la noche fuera de casa.

家をローンで購入することが承認された。

Me **permitieron*** comprar una casa a plazos.

家主は駐車場を使うことを許可してくれた。

El arrendador [propietario] me **dio permiso** de utilizar el aparcamiento.

簡単には部署の異動を承諾してもらえない。

No con facilidad se acepta la **petición** de cambiar el puesto de trabajo.

【相手への配慮】

✱ 時間が欲しい

◆ 少しの時間	un poco de tiempo
◆ 少し考える	pensar un poco
◆ 直ちに、即刻	inmediatamente ; ahora mismo ; en seguida
◆ すぐに決めない	no tomar una decisión inmediata

少し考える時間を下さい。

　Deme **un poco de tiempo** para pensar. ／ Quiero que me deje **pensar un poco**.
この仕事を引き受けるかどうかについて少し考えさせてください。

　Déjeme **pensar un poco** si acepto o no este trabajo.
すぐにきみにお金を都合するのは無理だ。

　Es imposible que te consiga el dinero **inmediatamente**.
今すぐに判断する（結論を出す）のはむずかしいです。

　Es difícil de juzgar **ahora mismo**. ／ Es difícil tomar una decisión **en seguida**.
マンションの購入ですが、すぐには決められません。

　En cuanto a la compra del piso, **no** podemos **tomar una decisión inmediata**.

✳ 妥協、譲歩、合意

◆ …に妥協する、…を容認する	transigir con [en] ...
◆ 折り合いをつける	tomar una actitud conciliadora
◆ 譲歩、妥協	concesión
◆ 譲歩する	hacer concesiones ; ceder
◆ 同意する	dar el [su] consentimiento
◆ 合意、示談	compromiso

私は契約書のいくつかの条項に同意した。

　Transigí con [en] algunas cláusulas del contrato.
関係を悪化させないために彼は折り合いをつけることにした。

　Para evitar que la relación se volviera peor, **tomó una actitud conciliadora**.
この件に関して妥協したくありません。

　No deseo [No me gusta] **transigir en** este caso. ／

　No quiero **tomar una actitud conciliadora** sobre este asunto.
出版について私は妥協したくありません。

　No quiero **hacer concesiones** en cuanto a publicar mis libros.
その点は絶対に譲れません。

　Jamás **cederé** en este punto. ／ No esperen (Uds.) ninguna **concesión**. ／

　No doy mi consentimiento para eso.
それについてはまだ合意の余地はあります。

　Eso todavía da lugar a un **compromiso**.

　※ "dar lugar a ..." は「…の口実・動機となる」という意味です。

＊約束する、保証する／約束を反故にする

◆（約束・義務などを）果たす、履行する	cumplir
◆…を約束する	comprometerse a ...
◆…と婚約する	comprometerse con ...
◆定刻（決められた時間）	hora determinada
◆約束の時間	hora acordada [mencionada; convenida]
◆口約束	lo prometido solo de palabra
◆約束する	prometer
◆約束	promesa; palabra
◆保証する、請け合う	garantizar
◆約束を反故にする、約束をすっぽかす	faltar a *su* promesa [palabra]

約束は守るべきだよ。

Tienes que **cumplir** tu palabra [promesa].

彼らは期日までにその技術を身につけると約束した。

Se comprometieron a aprender esa técnica antes de la fecha límite.

彼はスペイン人の若い女性と婚約した。

Se comprometió con una joven española.

私たちは定刻どおりに着いた。

Hemos llegado justamente a la **hora determinada**.

約束の時間に間に合わない。

No llegaremos a la **hora acordada** [**mencionada**; **convenida**].

口約束だけでは不安だ。

No hay seguridad con **lo prometido solo de palabra**.

この会社では将来が保証されるかどうか心配だ。

Me preocupo de que esta compañía no me **garantizará** el futuro.

約束が違うじゃないか。

No es lo que me **has prometido**.

彼女はいつも約束をすっぽかす。

Siempre **falta a su promesa** [**palabra**].

✳ 真剣になる／真剣味に欠ける

♦ …に精を出す、真剣になる	aplicarse en ...
♦ …するよう努力する、がんばる	esforzarse en [por] ...
♦ …を真に受ける、本気にする	tomar ... en serio
♦ 真剣味に欠ける	carecer de seriedad

報酬を余計にもらえると聞いて真剣になった。

Me apliqué [**Me esforcé**] con ahínco al oír que me pagarían* extra.

そんなに真剣に受けとることはないよ。

No lo **tomes** tan **en serio**.

彼は何をするにしても真剣味に欠ける。

Carece de seriedad al hacer cualquier cosa.

　※ "carecer de ..." は「…がない、…を欠く」という意味。

✳ 責任、責任感

♦ 責任感のある	responsable
♦ 責任	responsabilidad
♦ 責任感	sentido de responsabilidad
♦ 責任のある	culpable
♦ 義務、責務	deber
♦ …を果たす、成し遂げる	cumplir con ...
♦ 責任をとる	asumir la responsabilidad
♦ （責任などを）背負い込む、引き受ける	echarse al hombro; cargar ... sobre sus costillas; echarse ... sobre las espaldas
♦ 立ち向かう、責任をとる	dar la cara

彼は責任感が強い。

Es **responsable**. ／ Muestra una actitud **responsable**.

そのことについて責任を感じている。

Me siento **responsable** por ello.

　※ "sentirse ..." は「…と感じる」という意味。

彼はとても責任感が強い。

Tiene un alto [fuerte] **sentido de responsabilidad**.

裁判官としての責任は大きい。

Es grande su **responsabilidad** como juez.

きみのせいじゃないよ。

No eres **responsable** de ello. / **No** tienes la **responsabilidad** de eso.

あなたは責任を果たすべきです。

Debe de **cumplir con** sus **deberes** [su **responsabilidad**].

責任を果たすことが私たちにとって何よりも大事だ。

Lo más importante es **cumplir con** nuestras obligaciones.

責任をとって辞表を出すつもりだ。

Asumiendo la responsabilidad, pienso entregar [presentar] mi dimisión.

刑事たちは犯罪者を見つけ出さねばという責任を強く感じた。

Los detectives **se echaron al hombro** la responsabilidad de encontrar al criminal.

彼女は人の頼みを断りきれず、苦労という苦労を背負い込んでしまっている。

No puede negar a nadie un favor, por eso **carga** todo el trabajo **sobre sus costillas**.

父が入院してからというもの、姉が家族のめんどうを見ることになった。

La hermana mayor **se echó sobre las espaldas** mantener a la familia desde que el padre entró en el hospital.

アントニオはミスを犯したけれど、事態の収集に向け勇気を持って立ち向かった。

Aunque había cometido una equivocación, Antonio **dio la cara** con valentía para remediar la situación.

✳ 無責任、責任転嫁、責任逃れ

♦ 無責任な	irresponsable
♦ …のせいにする	echar la(s) culpa(s) a ...
♦ 責任を逃れる	rehuir [eludir] la responsabilidad
♦ 責任を擦りつけ合う	echarse la culpa (mutuamente)

あの人は無責任だ。

Es **irresponsable**. / Nunca toma la **responsabilidad**.

私のせいにしないでよ。

No me **eches la culpa**.

責任転嫁はよくない。

No es bueno **echar la culpa** a otras personas.

この期に及んで責任逃れは卑怯だ。

En este tiempo (tan importante) es indigno **rehuir la responsabilidad** de lo que pasó. / En este tiempo es vil **eludir la responsabilidad** de los hechos.

責任のなすり合いは醜い。

Es feo [desagradable] **echarse la culpa mutuamente**.

✳ 正直に話す

♦（内情を）さらけ出す、ありのままを見せる	poner las cartas boca arriba
♦ 正直に、包み隠さず	sin esconder nada
♦ 真実を話す、正直に話す	decir la verdad

ヘラルド、嘘をつく必要はないよ。ありのままでいいんだ。

¡Gerardo, no hay necesidad de mentir! **Pon las cartas boca arriba**.

> ※ "poner las cartas boca arriba" は「カードを表向きにする」ということで、「手の内をさらす」ことを意味します。

何も隠さずに正直に話そうと思う。

Pienso hablar sinceramente **sin esconder nada**.

きみに事の真相を話そう。

Te voy a **decir la verdad** de lo que pasó.

✳ 耳を傾ける、耳をそば立てる

♦ …に耳を傾ける	estar colgado/a de los labios de ...
♦ 耳をそば立てる	parar las orejas
♦ 耳を澄ます	aguzar el oído [los oídos]
♦ 一言も聞き逃さない	no perder ni una palabra

私たちはアラスカでの体験を語る同僚の話に真剣に耳を傾けていた。

Estábamos colgados de los labios de nuestro colega que nos contaba de sus experiencias en Alaska.

私は自分の名前が耳に入ってきたので、すぐに耳をそば立てた。

Al oír que mencionaban* mi nombre, en seguida **paré las orejas**.

それについては一度しか言わないので、ちゃんと聞くように。

Para bien **las orejas**, porque esto lo voy a decir solo una vez.

彼はそのグループに加わってはいないが、会話の内容を聞き逃すまいと耳をそば立てている。

Aunque él no participa en el grupo, **aguza los oídos** para no perder nada de la conversación.

※ "estar colgado/a de los labios de ..."、"parar las orejas"、"aguzar el oído [los oídos]"
は、どれも「真剣に相手の言うことに耳を傾ける」という意味ですが、最初の
語句は「相手の唇にぶら下がる」ほど（一言一句を聞き逃すまいとする姿勢）、
また 2 番目と 3 番目の語句はそれぞれ「耳をそば立てる」、「聴覚を研ぎ澄ます」
ほど、真剣であることを表しています。

私は先生の話を聞き逃すまいとした。

Traté de **no perder ni una palabra** del maestro.

✳ 無視する、人の話を聞かない

♦ 無視する、黙殺する	ignorar
♦ …を気に留めない、…を無視する	no hacer (ni el menor) caso de ... ; hacer caso omiso de ...
♦ （規則などを）守らない	no respetar ; no acatar
♦ 右から左へ聞き流す、馬耳東風である	entrar a ... por un oído y salir a ... por el otro
♦ 聞く耳を持たない	no tener orejas para oír ; tener las orejas de adorno

（きみは）非難めくコメントはどれも無視すべきだ。

Debes de **ignorar** cualquier comentario reprobable.

赤信号を無視すると警察に捕まるよ。

Si **ignoras** la luz roja del semáforo, te pillará la policía.

世間の噂なんて無視したほうがいい。

Es mejor **no hacer caso de** los chismes. /

Es mejor **hacer caso omiso de** las murmuraciones.

彼は他人の思惑など歯牙にもかけない。

Él **no hace ni el menor caso de** lo que piensan los demás.

制限速度を遵守しないと、事故の可能性が高まるよ。

Si **no respetas** [**acatas**] el límite de velocidad, habrá más posibilidades de que ocurra un accidente.

彼を叱っても無駄だ。馬耳東風だよ。

Es inútil regañarlo. Le **entra por un oído y por el otro** le sale.

ラファエルにアドバイスをしても意味ないよ。聞く耳を持たないのだから。

No sirve de nada que le des consejos a Rafael. **No tiene orejas para oír**.

きみは人の言うことを聞いてないけど、その耳は飾りなのかい？

No estás oyendo lo que te digo. ¿**Tienes las orejas de adorno**?

【運命、幸運／不運】

＊ 運、運命

◆ 運	suerte ; ventura
◆ 運命、宿命	destino ; sino

> ※「運、運命」という意味ではこれらの語彙は同義ですが、特に sino は「運命、宿命」という意味が強まります。

私は運命に導かれ、あの場所へ行った。
　Mi **suerte** me llevó a aquel sitio.
最善を尽くして、あとは運に任せよう。
　Haremos lo mejor que podamos y dejaremos todo a la **suerte**.
運を天に任せて試してみよう。
　Vamos a hacerlo a la **ventura**.
私は結婚するかどうかを決める運命の岐路に立っている。
　Estoy en una encrucijada del **destino**; Tengo que decidir si me caso o no me caso.
多くの困難にぶつかってきたが、彼女はそれを運命と思っている。
　Aunque ha tenido muchas dificultades en su vida, está conforme con su **destino**.
彼はピアニストになるのが自分の道だと思っている。
　Cree que su **destino** es ser pianista.
自由意志を働かせることによって運命は変えられる。
　Con el libre albedrío se podrá cambiar el **sino**.

＊ 運がよい

◆ 幸運	fortuna ; buena suerte
◆ 運よく、幸い	afortunadamente ; por ventura
◆ 幸運な、幸せな	venturoso/a
◆ 将来成功する	tener un destino exitoso

悪くないね。
　Menos mal.
ラッキーだな！
　¡Qué **suerte**! ／ ¡Qué **fortuna**!
きみはなんて運がいいんだ！
　¡Qué **buena suerte** tienes!

うまく行きますように！

　¡**Buena suerte**! ／ ¡Que tenga (Ud.) **buena suerte**!

うまく行くといいね。

　Te deseo **buena suerte**.

私たちに運が向いてきた。

　La **fortuna** nos sonríe. ／ Ha mejorado la **suerte** para nosotros.

私たちはついている。

　La **suerte** está de nuestro lado.

運よく安くて良質な家が見つかった。

　Tuve la **suerte** de encontrar una casa buena y barata.

彼はくじ引きで一等賞が当たった。なんて運がいいんだ！

　Se sacó el primer premio en la rifa. ¡**Qué suerte**!

運よく飛行機の席はまだ空いている。

　Afortunadamente hay todavía asientos en el avión.

事故があったが、幸いけが人はいなかった。

　Hubo un accidente, pero **por ventura** no hubo ningún herido.

彼は福引きでは常に強運の持ち主だ。

　Siempre tiene **buena suerte** en las rifas.

運に恵まれた旅だった。

　Fue un viaje **venturoso**.

彼女は手相見に将来成功するだろうと言われた。

　Un quiromántico le dijo que **tendría un destino exitoso**.

✳ 運が悪い

◆不運な、致命的な	fatal
◆悪く	mal
◆不運	mala suerte；mala pata
◆うまくいかない	salir mal
◆運悪く	desafortunadamente

最悪だ！

　¡**Fatal**!

今日はまったくついてないよ！

　¡Qué **mal** me ha ido hoy!

彼には不運がついてまわる。

Le persigue la **mala suerte** a él.

駐車スペースが無いなんて運が悪いね！

¡Qué **mala suerte**! No encontramos lugar donde estacionar [aparcar].

乗る予定だった列車が出たばかりだ。アンラッキーだな！

Acaba de salir el tren que íbamos a tomar. ¡Qué **mala pata**!

昨日は仕事がことごとくうまくいかなかった。

Ayer todo me **salió mal** en mi trabajo.

運悪く私たちはそのツアーに参加することができなかった。

Desafortunadamente no pudimos participar en ese grupo turístico.

【洞　察　力】

＊ 心を見抜く／見抜けない、見当がつかない

♦ 心を見抜く	leer el [*su*] pensamiento
♦ 知る	saber
♦ 見抜く、予見する	adivinar; prever
♦ 言い当てる	acertar
♦ 見当がつかない、思いあたらない	no poder imaginar
♦ 誤って、間違って	erróneamente; desacertadamente

彼の本心を見抜けない。

No le puedo **leer el pensamiento**. ／ **No sé** qué piensa en verdad. ／

No puedo **adivinar** lo que piensa él.

人の性格を見抜くのはむずかしい。

Es difícil **adivinar** el carácter de otras personas.

警察は彼の証言を偽りだと見抜いた。

La policía **acertó** que era falso [un embuste] su testimonio.

独裁者は謀反人の陰謀を見抜くことができなかった。

El dictador no pudo **prever** la conspiración de los insurgentes.

重要書類がなぜ紛失したのか見当がつかない。

No puedo imaginar por qué se ha perdido un documento tan importante.

見当違いもはなはだしいじゃないか。

Es el colmo que pienses tan **erróneamente** [**desacertadamente**].

✴ 目配せする、合図をする

◆ 目配せで	con *su*(s) guiño(s)
◆ ウインクする	guiñar el ojo；hacer un guiño
◆ 合図する、身振り手振りする	hacer un gesto [gestos]；hacer una seña [señas]
◆ 肘で突いて合図する	dar con el codo

> ※ "con su(s) guiño(s)"、"guiñar el ojo"、"hacer un guiño" は「目でものを言う」こと、"hacer un gesto [gestos]" は「顔つきで言い表す」こと、"hacer una seña [señas]"、"dar con el codo" は「手振りや肘で意思を伝達する」ことですが、言葉以外での手段方法という意味では共通しています。

彼は目顔でそれとなく知らせてくれた。

Me lo avisó [advirtió] indirectamente **con su**(**s**) **guiño**(**s**).

彼は私に何も言うなと目配せした。

Me **guiñó el ojo** [**hizo un guiño**] para que no hablara nada.

彼女は私にこれ以上近づかないようにとの合図を送った。

Me **hizo un gesto** para que ya no me acercara más a ella.

私たちは大丈夫だと彼らに手で合図した。

Les **hicimos una seña** con la mano insinuando que estábamos bien.

パレードが通過するとき、友人は私にお気に入りの選手を見るようにと肘で合図してくれた。

Al pasar el desfile mi amigo me **dio con el codo** para que viera a mi jugador preferido.

✴ 予感する、予測する

◆ …の予感がする	tener el presentimiento de …；presentir；tener la inspiración
◆ 予感させる	dar a … en la nariz；anunciar a … el corazón
◆ 予測する	predecir；pronosticar

今年は大地震の起こる予感がする。

Tengo el presentimiento de [**Presiento**] que ocurrirá un gran terremoto este año.

今日はすばらしい日になりそうな予感がした。

Tuve la inspiración que hoy me iría bien todo.

私はすぐに不利な取引ではないかという予感がした。

Inmediatamente me **dio en la nariz** que era un mal negocio.

※ 動詞 dio の主語は que 以下の名詞節です。「何かがにおう」という感じです。

何かよいことが起きる予感がした。

Me **anunció el corazón** que iba a pasar algo bueno.

近ごろの天気は予測できない。

Recientemente no se puede **predecir** [**pronosticar**] el tiempo.

索　引

203

205

206

210

参考文献

『新スペイン語辞典』、上田博人／カルロス・ルビオ編、研究社、1992 年。

『現代スペイン語辞典』、宮城昇／山田善郎監修、白水社、1999 年（改訂版）。

『西和中辞典』、高垣敏博監修、小学館、2007 年（第 2 版）。

『クラウン西和辞典』、原誠／ Enrique Contreras ／寺崎英樹ほか編、三省堂、2005 年。

『スペイン語大辞典』、山田善郎／吉田秀太郎／中岡省治／東谷穎人監修、白水社、2015 年。

『レクシコ 新標準スペイン語辞典』、上田博人編、研究社、2020 年。

『和西辞典』、有本紀明ほか編、白水社、2000 年（改訂版）。

『クラウン和西辞典』、Carlos Rubio ／上田博人ほか編、三省堂、2004 年。

『小学館 和西辞典』、小池知良ほか編、小学館、2014 年。

秋枝ひろこ『日記を書いて身につけるスペイン語』、ベレ出版、2014 年。

上地安貞／谷澤泰史『英語の感覚感情表現辞典』、東京堂出版、2004 年。

学研辞典編集部編『和の感情ことば選び辞典』、学研プラス、2019 年。

桜庭雅子『スペイン語会話パーフェクトブック』、ベレ出版、2004 年。

ソリクラブ編『英会話日常表現大辞典 10000 ＋』、アルク、2009 年。

稗島一郎編『日英対照感情表現辞典』、東京堂出版、1995 年。

中村明編『感情表現辞典』、東京堂出版、1993 年。

E. マルティネル／ F. マルティネルほか『レヴェル別 スペイン語会話表現事典』、原誠／
　　江藤一郎訳、三修社、2011 年。

A. アッカーマン／ B. パグリッシ『性格類語辞典 ポジティブ編』、滝本杏奈訳、フィルム
　　アート社、2016 年。

A. アッカーマン／ B. パグリッシ『性格類語辞典 ネガティブ編』、滝本杏奈訳、フィルム
　　アート社、2016 年。

Gili Gaya, Samuel. *Diccionario de sinónimos*, 10.ª ed., (reimpr.), Barcelona: Bibliograf,
　　1987.

Real Academia Española, *Diccionario de la lengua española*, 2 tomos, 21.ª ed., Madrid:
　　Espasa-Calpe, 1992.

Oxford Spanish Dictionary, eds. Carol Styles & Jane Horwood, 3rd ed., Oxford: Oxford
　　University Press, 2003.

Martínez López, Juan Antonio y Annette Myre Jørgensen. *Diccionario de expresiones y
　　locuciones del español*, Madrid: La Torre, 2009.

Seco, Manuel, Olimpia Andrés y Gabino Ramos, *Diccionario del español actual,* 2 tomos,
　　2.ª ed. actualizada, Madrid: Aguilar, 2011.

Real Academia Española, *Diccionario de la lengua española*, 23.ª ed., Madrid: Espasa, 2014.

Moliner, María. *Diccionario de uso del español*, 2 tomos, 4.ª ed., Madrid: Gredos, 2016.

佐竹謙一（さたけ・けんいち）
　金沢市生まれ
　イリノイ大学 大学院博士課程修了（Ph.D.）
　南山大学名誉教授
　主な著訳書
　『スペイン黄金世紀の大衆演劇』（三省堂、2001 年）
　『浮気な国王フェリペ四世の宮廷生活』（岩波書店、2003 年）
　『カルデロン演劇集』（名古屋大学出版会、2008 年）
　『概説スペイン文学史』（研究社、2009 年）
　エスプロンセーダ『サラマンカの学生 他六篇』（岩波文庫、2012 年）
　『スペイン文学案内』（岩波文庫、2013 年）
　ティルソ・デ・モリーナ『セビーリャの色事師と石の招客 他一篇』
　（岩波文庫、2014 年）
　『ドン・キホーテ 人生の名言集』（共編訳／国書刊行会、2016 年）
　モラティン『娘たちの空返事 他一篇』（岩波文庫、2018 年）
　『カルデロンの劇芸術——聖と俗の諸相』（国書刊行会、2019 年）

佐竹パトリシア（さたけ・パトリシア）
　メキシコ生まれ
　カリフォルニア州立大学大学院中退（カリフォルニア州立大学、
　B.A.）
　関西外国語大学非常勤講師を経て、現在は愛知県にて一般向けの
　スペイン語講座担当。

スペイン語の感情表現集

2021 年 12 月 10 日 印刷
2022 年 1 月 5 日 発行

著　者 ©　佐　竹　謙　一
　　　　　佐　竹　パトリシア
発行者　　及　川　直　志
印刷所　　株式会社三陽社

発行所　101-0052 東京都千代田区神田小川町 3 の 24
　　　　電話 03-3291-7811（営業部），7821（編集部）　株式会社　白水社
　　　　www.hakusuisha.co.jp
　　　　乱丁・落丁本は送料小社負担にてお取り替えいたします。

振替 00190-5-33228　　　Printed in Japan　　　加瀬製本

ISBN978-4-560-08928-6